家有儿女

做孩子的好父母

幼儿篇

湖北省教育厅关心下一代工作委员会　组编

華中師範大學出版社

新出图证（鄂）字10号

图书在版编目(CIP)数据
做孩子的好父母.幼儿篇 / 湖北省教育厅关心下一代工作委员会 组编. —2版.
—武汉：华中师范大学出版社，2018.6（2024.1重印）
（家有儿女）
ISBN 978-7-5622-8216-7

Ⅰ.①做…　Ⅱ.①湖…　Ⅲ.①幼儿—家庭教育　Ⅳ.①G78

中国版本图书馆CIP数据核字(2018)第101968号

家有儿女

做孩子的好父母　幼儿篇

出　　版：华中师范大学出版社
社　　址：湖北省武汉市珞喻路152号　　邮　　编：430079
策　　划：基础教育分社
责任编辑：郑海兵　　责任校对：王　炜
整体设计：浩艺设计　　插图设计：麦小朵
电　　话：027-67863040（市场部）　027-67862387(编辑部)
传　　真：027-67863291　　邮　　购：027-67861321
网　　址：http://press.ccnu.edu.cn　　电子信箱：press@mail.ccnu.edu.cn
印　　刷：湖北新华印务有限公司　　督　　印：刘　敏
开　　本：710mm×1000mm　1/16　　印　　张：7.75
字　　数：150千字　　定　　价：20.00元
版　　次：2018年 7 月第 2 版　　印　　次：2024年 1 月第 5 次印刷

欢迎上网查询、购书

丛书编审委员会

家有儿女

◎ 丛书主编：高长舒　孟庆金

◎ 本册主编：焦　敏

◎ 本册编写人员（以姓氏笔画为序）：
尹洪洁　冯细平　陈　勤　陈红梅　金晓梅
金锦秀　周　津　夏　君　唐　华　涂妙妙
曹映红　程小燕

家有儿女

丛书编委会成员单位

武汉市教育局关心下一代工作委员会
黄石市教育局关心下一代工作委员会
襄阳市教育局关心下一代工作委员会
荆州市教育局关心下一代工作委员会
宜昌市教育局关心下一代工作委员会
十堰市教育局关心下一代工作委员会
孝感市教育局关心下一代工作委员会
荆门市教育局关心下一代工作委员会
鄂州市教育局关心下一代工作委员会
黄冈市教育局关心下一代工作委员会
咸宁市教育局关心下一代工作委员会
随州市教育局关心下一代工作委员会
恩施自治州教育局关心下一代工作委员会
仙桃市教育局关心下一代工作委员会
潜江市教育局关心下一代工作委员会
天门市教育局关心下一代工作委员会
神农架林区教育局关心下一代工作委员会
江汉油田教育实业集团关心下一代工作委员会

编者的话

习近平总书记在会见第一届全国文明家庭代表时指出："家庭是人生的第一个课堂，父母是孩子的第一任老师。孩子们从牙牙学语起就开始接受家教，有什么样的家教，就有什么样的人。"倡导广大家庭要重言传、重身教，教知识、育品德，身体力行、耳濡目染，帮助孩子扣好人生的第一粒扣子，迈好人生的第一个台阶。习总书记对家教、家风、家训在推动国家发展、民族进步、社会和谐、个人幸福等方面寄予了殷殷厚望。

中国自古以来就有重视家庭教育的传统，形成了各具特色、广为流传的家教、家训、家风。无论是孟母三迁、岳母刺字、画荻教子，还是诸葛亮的《诫子书》、颜之推的《颜氏家训》、朱柏庐的《治家格言》，又或是毛泽东、周恩来、朱德等老一辈革命家对子女后辈的谆谆教诲，都反映出对家庭、家教、家风的重视；广大普通家庭也用最朴实、最真切的言行践行着他们优良的家教、家风，构建了一个又一个孝老爱亲、向上向善的和谐家庭，培育了一批又一批忠于祖国、忠于人民的优秀儿女。

伟大的人民教育家陶行知说过："婴儿出世后，仅仅取一个名字是不够的，要想婴儿成家立业，必定要用尽心血去教他，养他才行。"高尔基也曾说过："爱孩子，这是母鸡也会的事，可是，要善于教育他们，这就是国家的一桩大事了，这需要有才能和渊博的生活知识。"这表明，在家庭教育上，家长不仅要花精力、花时间、费心血，更要掌握系统、科学的育儿方法。

随着改革的深入、经济的发展、生活水平的提高，城乡结构和生活方式发生了巨变。在这一过程中，一些家庭出现了重智轻德、重知轻能、过分宠爱、过高要求等问题，影响了孩子的健康成长和全面发展。在新时代背景下，家庭教育面临巨大冲击，家长也面临诸多挑战，如何提升自身素质、提高育人水平，做一名有思想、有方法、有行动的好家长，我们这里谈几点看法。

一要明确责任、德教为先。古人云："养不教，父之过。"在现代社会，教育孩子是父母或监护人不可推卸的法定责任，绝不能因为这样那样的原因而缺位、失位。家长应"教子以义方"，以品德为先，让孩子明白做人做事的道理，引导他们有做人的气节和骨气，帮助他们形成美好的心灵，促使他们健康成长。

二要以身作则、言传身教。"少成若天性，习惯成自然"，家长是孩子最早、最直接、最经常模仿的对象，其一言一行、一举一动，甚至个人爱好、志趣、习惯，都会对子女产生深刻、持久的影响。家长应当以身作则、言传身教，以宽厚的仁爱之心、勤勉的敬业精神、不倦的求知欲望、勇敢的担当作为，为孩子做出表率和榜样。同时，在生活中捕捉教育机会，遵循自然随机的原则，在休息、闲谈、劳动、旅游等活动中，自然而然地开展教育，唯其如此，方能发挥家庭教育的最大优势。

三要遵循规律、因材施教。每个孩子都是独立的个体，都有不同于他人的气质、个性和特征。孩子天资有高低、成长有快慢、男女有差异，家长切不可一味地从自己的主观意愿出发，强迫孩子按自己设计的模式发展，而应细心养育、留心观察、耐心教导，既不做"虎妈狼爸"，也不放任自流，摒弃功利主义的教育观，遵循孩子的身心发展规律，真正做到因材施教、因境施教。

四要不断学习、提升自我。从某种意义上说，家庭教育首先是家长的自我教育。很难想象，一个精神迷茫、道德低下的家长能培养出一个志向远大、品德高尚的孩子。孩子是父母的一面镜子，孩子出现问题了，父母首先应从自身寻找问题的根源。家庭的双向良性互动，离不开家长的不断学习和自我提升。家长只有用正确思想、正确方法、正确行动教育孩子，以端正的育儿观、成才观、成人观引导孩子，以健康的思想、豁达的性格、良好的品行影响孩子，才能帮助其树立正确的世界观、人生观和价值观。

在全社会日益重视家庭、家教、家风的今天，由省教育厅关工委组织编写的这套家庭教育指导丛书——“家有儿女——做孩子的好父母”可谓恰逢其时。丛书既反映了中华民族传统家庭美德，又反映了新时代家庭、家教、家风的特点；既有育儿理论，又有教子方法；既有丰富的育儿经验总结，又有优秀的育儿实践案例。丛书在家长的自主学习、自我教育以及家庭教育中的角色和定位着力最多，鲜活的语言、生动的案例、活泼的形式，更增强了家庭教育的科学性、思想性、针对性、趣味性和实效性。希望家长们学好这套书、用好这套书，从中学习家庭教育的基本理论和知识，掌握家庭教育的基本方法和技巧，增强家庭教育的本领。

著名儿童教育家陈鹤琴在《家庭教育》一书中写道：“家庭教育是振兴中华民族的希望，是整个教育的基础，关系到国家的命运。”他认为家庭教育应尽快摆脱家庭的束缚，树立为国教子的大教育观。我们以为，这有特殊的价值和意义。党的十九大报告指出：中国特色社会主义进入了新时代。这个新时代，是全面决胜小康社会、建设社会主义现代化强国的新时代，是中华儿女勠力同心、奋力实现中华民族伟大复兴中国梦的时代。家是最小国，国是千万家，两者是息息相通、密不可分的命运共同体。千家万户好，民族才能好，国家才能好；国家强大了，民族振兴了，家庭才能好。而这千千万万的家庭是国家发展、民族振兴、社会和谐的重要基点，更是孩子们梦想启航的地方。让我们携起手来，汇聚亿万家庭的磅礴力量，为实现“两个一百年”奋斗目标、实现中华民族伟大复兴的中国梦砥砺前行。

“家有儿女”丛书编委会

2018 年 6 月

湖北省教育厅关心下一代工作委员会　组编

目录

第一讲

言传身教　传承家风

——在做孩子的榜样中培育优良家风

家庭既是孩子最早接触的世界，又是孩子生活的场所，更是孩子接受教育的第一课堂。家庭风气将直接影响孩子的价值观和成长。父母作为孩子最早的启蒙老师和终身教育者，应当以身作则，处处传承、培育优良家风，为孩子做个好榜样，帮助孩子打好成长的“地基”，扣好人生的“第一粒扣子”。

育儿故事

曾子杀猪

曾子,我国春秋末期鲁国的一位学者,被誉为“宗圣”。他的“修身、齐家、治国、平天下”的政治观,“省身、慎独”的修养观,“以孝为本”的孝道观影响了中国人民两千多年。他很孝敬父母,更懂得为父之道。“欲齐其家者先修其身,欲修其身者先正其心。”他强调做人要忠诚老实,严于律己,并用自己的行为和原则教育孩子,培育着诚信的优良家风。

一天,曾子的妻子要上街,她的小儿子哭闹着要跟着去,曾妻被闹得没办法,就对孩子说:“孩子,你留在家里,我回来给你杀猪吃。”听了这话后,孩子便留在了家里。过了一会儿,曾妻回来了,曾子准备去杀猪。他的妻子连忙上前制止说:“我刚才是和孩子说着玩的,你怎么真的要杀猪呢?”曾子认真地对她说:“孩子是不能欺骗的,今天你说话不算数,骗了孩子,明天孩子就会说谎话、糊弄你。再说了,母亲欺骗了孩子,孩子从心里会觉得母亲的话不可靠,你以后再对他进行教育,他也许就不会听了。这样不信守承诺,对我们的孩子是没有什么好处的。”最后,曾子还是坚持把猪杀了。

一句不经意的话、一件看似不值一提的事，在家庭中对孩子而言就是教育。生活中，我们如能为孩子遵守诺言，树立的就是信任，传递的就是诚信的家风。通过潜移默化的影响，孩子也会形成一颗诚信之心，在长大后的社会关系和人际交往中，就会建立一种诚实守信的人际关系。

苏联教育家马尔库沙曾说："孩子的目光就像永不休息的雷达一样，一直在注视着你。"因此，高尚的品格修养、良好的生活习惯既是每个父母应努力的方向，更是培育优良家风的基础。

教子有方

一、父母应该知道的"社会模仿"

"社会模仿"这个看似十分专业的术语，其实与一个有趣的实验相关。

人类社会之所以能够形成与发展，其背后的秘密或许就在于人类强大的模仿能力。为了证实这个论断，心理学家进行了一个有趣的实验，他们抽样选取低于 5 岁的人类幼儿和倭黑猩猩构成实验组，观察他们能否学习并掌握两组不同的动作，即摩擦旋转一个盒子并转动手腕和在盒子上按照特定方向画线。研究结果显示，大约 3/4 的人类幼儿能够模仿这些动作，而 46 只倭黑猩猩均没能成功模仿这些动作。心理学家猜测，人类具备的这种强大的模仿能力，正是人类成功建立起复杂社会体系的重要原因之一，模仿是驱动人类文化以及社会习俗规范代代相传的基本动力。

孩子在成长的过程中，不仅通过模仿，而且是通过一种“社会模仿”的学习方式，进入人类社会。这里的“社会模仿”用通俗的话说，就是模仿者按照自己的意愿，以他人的行为为榜样，做出相同或相似行为的现象。

一般而言，社会模仿包括模仿者、榜样者（或称被模仿者）和模仿内容。作为模仿者的年幼孩子，其社会模仿多为没有明确动机的无意模仿，或有粗浅意识的表现性模仿，因此他们的模仿有时会限于表面，有时会出现错误，有时还会延时表现其行为。但无论他们的模仿处于什么状态，模仿都是他们学习的一条重要途径，是他们适应环境的一种手段，更是他们实现社会化发展的有效方式。这就需要我们高度重视孩子的模仿，重视被模仿者的行为，重视榜样的作用，重视孩子可模仿的内容。因为，从家庭教育的角度而言，父母树立榜样就是家庭教育的重要内容之一，更是培育优良家风的基础。

二、在榜样中培育优良家风

家风，其实就是一个家庭所有成员共有的生活习惯、思维方式及言行表现的总和，是家庭成员品格、文化素养、道德情操、人际关系的具体体现。孩子天生是模仿的高手，有什么样的家长，就有什么样的家风，就将造就什么样的孩子。

■ 父母应以正确的“行”传递榜样的“质”

三至六七岁的孩子的思维，以具体形象性思维为主，他们依靠事物在头脑中的具体形象进行思维，因而孩子的思维是具体的、直观的。父母的榜样以正确的“行”传递榜样的“质”，就是用正确的行为给孩子树立看得见的标准，用自己的行为举止和生活习惯等，潜移默化地影响孩子，帮助孩子规范和调节自己的行为，进而影响孩子的世界观、人生观、价值观的形成。

辽宁省抚顺市有位中学老师曾说过她父亲的行为对她人生观的形成有着深刻影响。

> 20世纪六七十年代，父亲是公社食堂的管理员，要想往家里带点吃的那是顺手牵羊的小事，但是父亲从来不做。有一年秋天，生产队要储存上千斤地瓜作种子。队里没有地方，只能放在私人家里，于是，我家西屋就成了公社地瓜种子的储存室。西屋没有门，只有一块布帘，一掀就可以进去，可父亲的行为和嘱咐像禁令一样，我们连动一下门帘都不敢。第二年春天，生产队来拉地瓜，一过秤，不但没有短斤缺两，还涨秤了（其实队长当初过秤时就故意少说了一些）。父亲就是这样用他的“行”传递着榜样的“质”，保持着清正高洁的品格，我们家也一直传承着诚而有信的家风。

你看，父母用正确的行为诠释了榜样的内涵，使家风在具体的行为中有厚度、有内容、有传承。

■ 父母应以正确的“言”传递榜样的“形”

父母以身作则给孩子树立榜样的同时，还要以正确的言论、观点去影响孩子，帮助孩子在模仿时，清楚其背后的道理。

这里的以“言”传“形”就是说，父母在树立榜样时，要善于通过良好的互动和沟通，让孩子知道应该怎么做、为什么要这么做。

3～6岁的孩子，语言和游戏能力发展极为迅速，特别爱说话，即使一个人也会自言自语地边说边玩。他们眼中的世界都是有生命的，都可以成为他们交谈的对象。游戏是这一阶段幼儿的主导活动，由于这个时期的幼儿想象异常活跃，因而他们的游戏内容也非常有趣。因此，父母在与孩子以“言”传“形”的互动与沟通时，应更多地使用游戏的方式与语气，更多地运用富有想象的拟人化的语言与行为，更多地运用以鼓励为主的正面教育法，帮助孩子在游戏中、在现实中习得与运用并形成良好的行为习惯。

■ 父母应以坚持的“教”获得榜样的“神”

在榜样中培育优良家风，父母在做的同时也要教育孩子，给孩子讲解简单的道理，做到既有榜样示范又有言语解说。因为，光说不做的榜样是虚假的，久而久之会在孩子面前成为一戳就破的“纸老虎”，这样的榜样不仅会传递一种负能量，更会激起孩子的逆反心理和敌对做法；光做不教的榜样是松散的，长此以往会使孩子形成依赖的思想，让孩子看不到行为背后的意义。因此，在榜样中培育优良家风，不仅要使孩子看到父母的行为榜样，还应使孩子理解行为背后的含义，以及为什么要有这样的言行举止的道理，真正使“教”成为“行”的点睛之笔。

对优良家风的培育而言，最重要的教育方法是“教”“行”结合，以“教”辅“行”，长久坚持父母的榜样行为。既不是想起了才教育，也不是生气了就教育，更不是把与孩子的交流都变成教育。

三、孩子起步阶段的家风内容

家庭教育一个鲜明的特点就是继承性。我们现代的家庭教育，就是从传统家庭教育的基础上延续、发展过来的。我国古代家风包括孝、勤、善、俭、诚等多个方面。幼儿时期，正是孩子一生发展的起步时期，此时，传承、培育一些常见的、直观的且易于被孩子接受的优良家风，对其成长至关重要。那么，在孩子的起步阶段，家庭中应培育哪些优良家风呢？

正直孝敬的家风

正直，对孩子而言，就是使其萌发爱祖国、爱家乡、爱集体、爱劳动、爱科学的情感，具有诚实、自信、勇敢等良好的品德和行为习惯。孝敬，对孩子而言，就是能体会父母为其和家庭付出的心血，心疼父母、感恩父母，自己的事情自己做，爱家、爱父母，尊重父母。

要培育正直孝敬的家风，父母应为孩子树立真诚、守诺、诚信、担当的榜样，树立孝敬老人、尊敬长辈、对人友爱的榜样，并使之成为一种家庭氛围、生活态度和行为习惯，使孩子从父母的精神风貌中学到做人的良好品质。

文明友善的家风

文明友善是孩子从自然人成为社会人的基本要求。文明的家风要求孩子具有仪表之礼，如自己刷牙、洗脸、穿衣、穿鞋；餐饮之礼，如能饭前洗手，会使用餐具，吃饭时不吵闹；言谈之礼，如能使用请、谢谢、对不起等文明用语，等等。友善的家风则要求孩子在与家人或小伙伴在一起时，能互相帮助、友好共处与分享。

文明友善的家风对孩子的发展，特别是社会性发展具有重要作用。家长在培育文明友善的家风时，应让自己成为行为模范，为孩子树立文明友善的榜样，让关心他人成为家庭中的常态，主动为孩子提供关爱他人和表达感谢的机会，有意识地扩大孩子的社交圈，引导孩子学会控制负面情绪，做一个讲文明、友善待人的人。

求知善思的家风

人的求知欲在婴幼儿时期就表现出来了，他们会提出许多个为什么。的确，“人的内心里有一种根深蒂固的需要——总是感到自己是发现者、研究者、探寻者。在儿童的精神世界中，这种需求特别强烈。但如果不向这种需求提供养料，即不积极地接触事实和现象，缺乏认识的乐趣，那么这种需求就会逐渐消失，求知兴趣也会与之一道熄灭”。因此，父母应培育求知善思的家风，以保护孩子的求知欲，满足孩子的探索要求，丰富孩子的知识和经验。

孩子求知善思的人格特征，是从其好奇心、求知欲的培养开始的，是从开阔视野、积极探索的学习方式中形成的，是与孩子在学习中积极愉快的心理体验分不开的。因此，父母在培育求知善思的家风时，不仅要做孩子的榜样，还要把握孩子学习的特点，激发孩子的学习动机；启发孩子运用多种感官参与，让孩子习得方法；鼓励孩子独立思考，让孩子获得成功的体验。

■ 民主乐观的家风

父母与孩子既是教育与被教育的关系，又是民主平等的关系。因此，家庭里也要讲究民主精神，即平等精神、自由精神、法治精神、宽容精神和妥协精神。乐观是一种品质，是心胸宽阔、充满自信、勇于面对现实、有幽默感的综合表现。对孩子而言，民主乐观应是渗透在其行为中的一种精神和品质的融合体。

因此，民主乐观的家风既是一种教育态度，也是一种教育品质。它需要父母在家庭中创造宽松的家庭环境，传递积极向上的情绪，尊重孩子独立的人格，给孩子参与家庭事务的权利和说话的权利，引导孩子乐观向上，培养孩子勇敢和担当的精神。

孩子起步阶段的家风内容，既是社会的要求，也是孩子身心发展规律的反映。这些内容相辅相成，在继承与发展中赋予今日家风以新的内涵。

四、优良家风的培育策略

家风是一种综合的教育力量，是由思想精神、生活习惯、情感态度等诸多因素构成的综合体。因此，家风的形成，无关家庭贫富，无关父母文化程度，关乎的是父母的德行素养，以及通过其言行举止所传递的榜样的力量。因此，在优良家风的培育中，父母除应关注自身的榜样作用外，还可以从以下策略入手。

■ 自立自强，严之有度

优良家风的培育者是父母，或者说起决定作用的是父母。有什么样的父母就有什么样的家风。这不仅仅是父母树立榜样的问题，而且是父母的人格决定家风的方向，自然也决定孩子发展方向的问题。因此，在优良家风的培育中，父母展示自立自强的形象对尚未建立完整价值观体系、处于生命成长初期的孩子来说，是非常有效的策略；而严之有度的教育理念与方法又与自立自强的父母形象相得益彰。这就要求父母在培育优良家风时，不仅要树立榜样，更要尊重孩子的发展规律，将严格要求与科学管理相结合。

■ 集体教育和教育集体

这里的集体教育是指以家庭集体的价值观为导向，在家庭这个集体中进行的教育；而教育集体则强调父母在培育优良家风时，应使全家成为一个和谐的教育团队。也就是说，父母在家庭中，虽然承担着多元化的角色，既是孩子的导师与引路人，又是孩子的朋友与伙伴，还是家庭中的父亲、母亲、子女等。在培育优良家风时，一定要使所有家庭成员统一思想、行动一致，既不放任自己，也不迁就孩子，使教育孩子不只依靠某一个人，而是依靠一个教育集体。其实，一旦这个教育集体形成了，优良的家风也就基本形成了。

■ 营造和睦环境，开智导正

在家庭生活空间里，父母的关怀、家庭的温暖、民主平等的关系、文

明礼仪的风气、奋发向上的精神状态等，对孩子的成长都是一种积极的动力和催化剂。因此，父母应为优良家风的培育，更为孩子的成长营造和睦环境，这包括安排好家庭的经济生活，美化家庭的生活环境，提高家庭人员的文化道德修养，追求高尚的精神情趣等。

开智导正则需要父母在日常生活中给孩子提供一个学习型家庭的氛围。对于年幼的孩子而言，最有效的方式是给孩子提供实际锻炼的机会与场所，正如英国思想家洛克所说：“儿童不是用规则教育就可以教好的，规则总是被他们忘掉。你觉得他们有什么必须做的事，你便应该利用一切时机，甚至在可能的时候创造时机，给他们一种不可缺少的练习，使它们在他们身上固定下来。这样就可以使他们养成一种习惯。”

互动平台

想一想：你希望孩子拥有哪些特质（孝敬、尊重、诚实、好学、善思等）？在这些特质中，哪些是你能以身作则树立榜样的？在伴随孩子成长的过程中，你渴望自己的生活中融入怎样的特质，即使那不是你天生就拥有的？

他山之石

推荐一本书：《好家风成就好孩子》

潘鸿生编著，北京工业大学出版社 2015 年出版。

推荐理由：该书通过“家教成败看家风，好家风塑造好孩子”“做事先做人，做好孩子品德行为的引路人”等七章，阐述家风通过日常生活对孩子的影响，强调家风是一种无言的教育、无字的典籍、无声的力量，是孩子世界观、人生观、价值观、道德素养及生活习惯形成最直接、最基本的教育因素。

结语

生命不是一个可以孤立成长的个体。它一边成长，一边收集沿途的繁花茂叶。它又似一架灵敏的摄像机，沿途摄入所见所闻。每一分每一寸的日常小事，都是织造人格的纤维。环境中每一个人的言行品格，都是融入成长过程的建材，使这个人的思想感情与行为受到感染，左右着这个人的生活态度。环境给一个人的影响，除了有形的模仿外，更重要的是无形的塑造。

——[法]罗曼·罗兰

家庭是孩子生活的第一环境，是孩子进行多种有目的的活动，获得经验与态度的地方，更是优良家风传承与培育的场所。亲爱的父母们，让我们从做孩子的榜样开始，在培育优良家风的过程中，开启家庭教育之门吧。

家长手记

第二讲

初为父母　陪伴成长

——和孩子一起成长

家庭教育从孩提时代开始，陪伴着每个人成长。家庭教育不仅是孩子的教育，更是父母的自我教育。在这个过程中，成长不仅是孩子的事情，更是父母自己的事情。如果父母不成长，就永远不要期望孩子有所成长。与孩子一起成长，才是家庭教育最美丽的风景，才是父母最美好的人生姿态。

⊙育儿故事

陈钱林的“考研风波”

杭州师范大学附属学校原校长、家庭教育专家陈钱林有一对龙凤胎。女儿16岁考上南方科技大学首届教改实验班，20岁获得三所世界名校全额奖学金，后进入新加坡南洋理工大学攻读博士学位。儿子14岁考上中科大少年班，18岁获得美国纽约州立大学全额奖学金。

陈钱林经常将大人的事告诉孩子，有时也会让孩子参与商量。他认为这样不仅可以丰富孩子的人生阅历，对孩子也是一种体验教育。当听说考研英语难度降低的时候，他决定尝试一下。他认为考研是件大事，无论自己能否考上对孩子们来说都是个激励。于是，他就把报考的事与孩子们说了，孩子们都很高兴。因为英语基础很差，他知道自己考上的机会很渺茫，但还是坚持去考，并且让孩子们做做“爸爸考上研究生的梦”。不过，他最后没有考上，孩子们都很难过。但他觉得，需要给孩子展示一种敢于尝试的勇气，让他们懂得如何面对挫折。

陈钱林出身于普通的农民家庭，他总是把自己的童年生活，特别是在困难中如何学习的故事讲给孩子们听，也多次带孩子们去寻找自己曾经的足迹，把自己的成长史，特别是面对挫折的态度，与孩子们未来的成长连接起来。陈钱林说，两个孩子的成长绝对不是偶然的，“希望孩子有追求，首先父母得有追求”。

好的家庭教育，要给孩子宽广的心胸，要给孩子强大的精神力量。一个人走可以走得很快，一群人走才能走得更远。其实，家庭成员的成长也是如此。父母与孩子一起阅读，与孩子一起锻炼健身，与孩子一起走进大自然，与孩子一起参观博物馆，与孩子一起正视生活中的挫败和失意，与孩子一起品尝生命的甘甜和苦涩，自己也定会收获满满。

教子有方

一、最好的教育是陪伴

陪伴从表面意义上说就是“随同做伴”，但是从亲子关系的层面上说，其内涵不仅指要有物质上的关怀，还要有精神层面的交流和尊重。在此基础上，对孩子进行思想和行为上的引导，纠正由于年龄小、性格未形成或外部因素影响造成的行为偏差，这才是陪伴的重要内涵。

从儿童心理学的观点来看，人的一生可以分为几个时期，其中婴儿期是指从出生到3岁的阶段；幼儿期是指3岁至六七岁的儿童时期，相当于幼儿园的教育阶段。婴儿时期，由于孩子年龄小，父母陪伴得相对较多。但是进入幼儿园之后，很多父母心理上有所放松，认为把孩子送进幼儿园就等于送进了“保险箱”，觉得孩子在幼儿园有老师的教育，不再需要自己操心，所以常常以工作忙、事情多为借口，忽视了陪伴教育。

事实上，父母的陪伴教育对孩子的健康成长非常重要，8 岁以前的孩子尤其需要父母的陪伴。如果 8 岁前，孩子无法得到父母的陪伴，外界环境的改变就会让孩子非常紧张，可能导致其无法适应入学后的生活。在这种情况下，这些孩子还会出现缺乏安全感、独立性不强、自信心不足、沟通能力弱、考虑问题自私化等问题。

父母和孩子在一起吃饭，在一起说话，交流和学习无时无刻不在进行。心理学上有个很有意思的研究发现：孩子的词汇量和父母在家庭交流尤其是在餐桌上交流的词汇直接相关。父母在谈论政治，孩子今后可能会对政治感兴趣；父母在抱怨，孩子可能就有了抱怨的情绪。很多父母以为跟孩子多说话没有什么意义，实际上父母说的内容，即使孩子今天不懂，也会成为他吸收的养分和材料。

更重要的是，与孩子并肩前行的父母能够为孩子提供更多的支持与帮助，陪伴和共同生活决定着整个家庭是否拥有共同的命运。尽管当今社会生活节奏加快，我们还是应该做会分身的父母，再忙也应该想办法陪孩子。

二、称职父母，在陪伴中提升自己

抚养、教育子女是父母最根本的责任。新时代背景下初为父母的“80后”“90 后”，很多是在独宠的环境中长大的，内心深处仍然觉得自己还是个孩子。如何更好、更快地适应时代发展，成长为称职父母，需要懂得在陪伴中不断提高自身素质，不断增强育儿本领。

■ 不断提高自身素质

初为父母，提高自身素质非常重要。父母应具备不断学习、不断创新的能力，通过自身能力的提高进而培养孩子的各种能力。自身能力的提高，是培养好孩子的重要途径，这不仅包括父母自身原有的能力，还包括父母在养育孩子的过程中不断了解孩子的身心发展规律，对孩子进行德、智、体、美全方位教育的能力。例如，通过和孩子一起阅读一些优秀的儿童读物，让孩子在阅读中渐渐地认同父母正确的价值观。孩子读书的过程，就是接受价值观，接受真、善、美的过程。就像苏联教育家苏霍姆林斯基说的："所有那些有教养、好求知、品行端正、值得信赖的年轻人，他们大多出自对书籍有着热忱的爱心家庭。"此外，父母还应注重培养自身良好的道德品质，如遵守社会公德、职业道德等。

■ 不断增强育儿本领

称职父母不仅要适应时代步伐，做好表率，充分发扬家庭民主，还要不断增强自己的育儿本领。首先，要经常与自己的长辈沟通，让长辈不要对孩子过分溺爱，让孩子从小具有独立性，能吃苦耐劳。其次，对孩子的错误，要正面批评指出，要让孩子从小懂得好习惯成就一生。再次，要严中有爱，循循善诱。父母要时刻保护孩子的自尊心，没有不好的孩子，只有不好的教育。父母要与孩子多交流，了解孩子的想法和心理变化，做孩子的知心朋友。最后，要让孩子从小形成比较固定的生活作息规律。只有树立时间观念，方可使孩子从小养成遵守纪律、维护社会秩序、讲究社会公德的好习惯。

三、称职父母，在陪伴中教育孩子

陪伴本身就是一种教育，而且比任何其他外界的教育培训都更有价值。因为陪伴教育会让孩子在心灵成长上更加安全、自信、愉悦。

■ 陪伴教育需要树立正确的陪伴观念

父母应当树立科学的观念，正确看待陪伴。如今很多父母在外忙着工作赚钱，希望为孩子提供优越的物质条件，因此陪伴孩子的时间非常有限。有的父母因此陷入两难，心中不免对孩子有些许愧疚。

但父母需要知道的是，陪伴质量比陪伴时间更重要，陪伴的投入程度远比陪伴时间更为关键。无论是全职育儿还是职场父母，都应重视陪伴质量——只有真正用心的亲子陪伴，才会产生良好的效果。

■ 陪伴教育需要营造温馨的家庭氛围

孩子呱呱坠地，首先从父母那里学会认识世界。爱是家庭关系中最基本的情感，如果父母能够相亲相爱、和睦相处，那么孩子就能从父母的爱情中感受到温暖，从周围的环境中感受到温暖。托尔斯泰曾说过："夫妻间的和睦是成功教育儿童的首要条件。"另外，父母的言行举止和情绪状态，每时每刻都会对孩子的情绪情感、品德行为等产生影响。因此，父母要善于处理自己的情绪，在孩子面前尽可能表现出高兴、乐观、向上的积极情感，使孩子生活在融洽和谐的家庭氛围之中，感受到关心和爱护，获得爱和尊重的体验，从而心情愉悦，产生主动、向上的积极情感；同时，也为孩子处理消极情绪树立榜样。

父母与孩子之间的关系，是孩子接触的第一种人际关系。所有的爱都应该建立在平等、理解和尊重之上。孩子是自身情绪和情感的主人，为人父母者应学会理解和尊重孩子自身的情感需要和情绪体验。与此同时，尊重孩子所做的事情，相信他们是有理由的，并尝试理解他们每个行为背后的原因。

■ 陪伴教育需要养成健康的家庭生活方式

家庭生活方式对孩子的身心发展有着直接的影响，包括家庭饮食习惯、起居习惯、消费习惯、家庭人际交往等。良好的家庭生活方式不仅能够帮

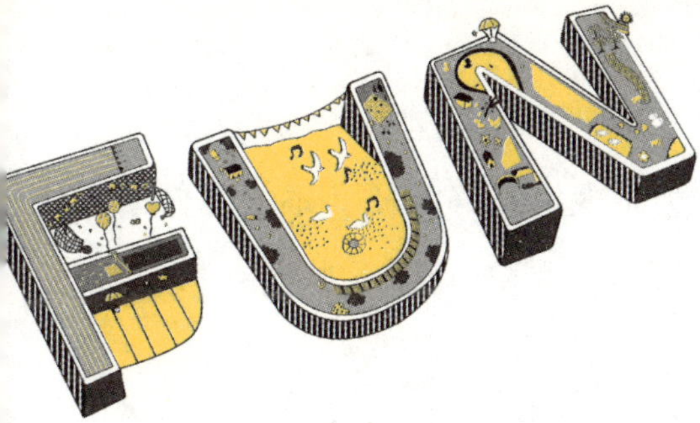

助孩子拥有健康的身体，还会影响孩子的社会交往能力。目前国外流行的“FUN”家庭生活方式，对提高人们的健康水平有良好的效果。

“FUN”本身是英文“欢乐”的意思。“FUN”中三个字母分别代表了英文单词“健身”“和谐”“营养”。F——健身，主要指家庭成员每天进行一定时间的身体锻炼。U——和谐，主要指一种轻松协调的家庭氛围，使家人在工作、学习之后，能从身体和心理上得到放松。N——营养，这里指合理的营养，其原则为适宜的碳水化合物、中等量的蛋白质和低脂肪，做到既有丰富的营养摄入，又有科学的营养结构。

■ 陪伴教育需要有提高陪伴质量的有效措施

陪伴孩子不能简单地理解为只要和孩子在一起就行，而是要在陪伴的过程中创造机会和孩子互动起来。只有互动才会有交流，才能通过孩子的语言、眼神、动作去认识孩子，去了解孩子的想法，才能将教育渗透到生活的细节中，使教育润物无声。例如，很多孩子都喜欢把父亲当成大马来骑，父亲可积极配合；很多孩子都喜欢跟在母亲身后像小鸡一样叽叽喳喳，母亲应及时回应。这些都是父母在日常生活中可以随时实施的亲子互动。

父母在陪伴孩子时要做到心无旁骛，切忌“身在曹营心在汉”。很多父母看似陪伴在孩子身边，却只是让孩子看看电视，玩玩游戏；并且自身说话带脏字，行为不文明，这样的陪伴还不如不陪伴。

陪伴不等同于随时随地跟着孩子，帮孩子做他自己能做的事，比如去幼儿园的路上帮孩子背书包；陪伴也不是随时随地指点孩子这里不对、那里错了。陪伴孩子要给孩子自由呼吸、成长的空间，要给孩子自主自立的成长平台，要给孩子爱和欣赏的成长环境。

和孩子在一起的时候，做父母的常常忘记他们只是孩子，他们还有很多需要学习的东西，所以不是一言一行都能显现出良好素质，不是每件事都能做得符合要求。父母对孩子的言行不满意时，应该做的不是唠叨和责备，而是要思考怎样帮助他们。

现在的孩子生活在一个信息发达的世界，他们会有自己的思考，虽然他们的思考很肤浅、很单纯，但却在很多生活细节中表现出来。父母如果能多听听孩子的想法，便容易找到教育的契机或者打开解决孩子问题的突破口，使孩子乐于接受父母的意见或建议。

■ 陪伴教育需要家园密切合作

现代父母需要学习多方面的知识，不仅要学会关注孩子的心理感受，有效地与孩子进行沟通，还要学习如何正确地引导孩子，预防孩子不良行为的出现。幼儿园为父母获取科学的育儿知识提供了场所。当前幼儿园与家庭在幼儿教育中的重要性正逐渐被人们认可，幼儿园也在开展指导家长的工作。

幼儿园教师具备专业的教育学和心理学知识，在与他们沟通时，不仅可以更全面地了解孩子在幼儿园的学习、生活、游戏以及与其他小朋友的交往情况，同时也能够及时转变自己不良的教育方式；在参与幼儿园组织的活动时，可以更好地了解幼儿园的性质、课程设置，这不仅能增进与孩子的情感，还能学到科学的育儿知识，清楚如何更好地配合幼儿园教师教育好孩子。父母学习教育技能的过程也是个人成长的过程，树立正确的教育观念，改掉错误的行为模式，从而轻松、快乐地陪伴孩子。

⊙ 互动平台

在每天的亲子时光中设置一个互相表达谢意的环节，家庭成员轮流说一件要对家人表达感谢的事情，如“大宝（哥哥），早上出门妈妈手里拿的东西太多了，谢谢你帮我按电梯”“小米（妹妹），谢谢你今天晚饭时帮妈妈摆碗筷”。

这些简单的、表达谢意的话语不仅是为了给孩子做示范，帮助他们学会感恩，而且也是在让父母留心每位家庭成员的成长，这对促进家庭关系的和谐发展很重要。

他山之石

推荐一本书：《我们的第二次成长》

赵景利著，湖南人民出版社 2016 年出版。

推荐理由：在我们的一生中，至少有两次成长：第一次成长是从我们出生开始，学习、工作、成家立业，这是形成自我的成长；第二次成长是从孩子出生开始，陪伴孩子一起长大，这是完善自我的成长。通过书中经典的故事或案例，我们可以体会如何与孩子相处，然后开始我们的第二次成长。

结语

父母通过陪伴与孩子建立亲密关系，比其他任何“正确”的方式都更重要，因为父母通过心灵陪伴传递给孩子的爱和信任将会影响孩子一生。父母本身就是孩子最初的世界，其价值观和育儿方式会直接影响孩子。孩子作为一个家庭个体，是和谐的基础，希望每位父母都能紧跟时代，不断进步，重视对孩子的陪伴，重视与孩子的交流，重视对孩子的家庭教育，努力成为一名称职的家长。

家长手记

第三讲

传承经典　发蒙启蔽

——以传统美德培养孩子的良好品行

孔子说：“弟子入则孝，出则弟，谨而信，泛爱众，而亲仁。行有余力，则以学文。”大意是，孩子要孝顺父母，友爱兄弟姐妹，讲信誉，求和睦，博爱平等，亲近有仁德的人，这些方面都做到了之后如果还有余力的话，再去学习文化知识。这段话道出了我国传承几千年的教育真谛——品德教育是我国教育内容的主体和灵魂。不管是社会教育、学校教育还是家庭教育，都应以品德教育为先。

育儿故事

司马光吃核桃

宋代历史学家司马光，七岁破缸救人的故事，脍炙人口，千百年来被人们视为慧光早现的“神童”。司马光的成才与父母对他良好品德行为的培养密不可分。父亲不仅关心他的学业，而且在做人上也对他严格要求。

司马光五六岁时，一天，他想吃青核桃，姐姐替他剥皮，却怎么也剥不开。姐姐离开后，家里的一个女仆把青核桃放在开水里烫了一下，皮很容易就剥了下来。姐姐回来一看，便问是谁剥下来的，司马光说是自己剥的。这个过程恰巧被父亲知道了，父亲见他撒谎，就蹲下来慈爱并严厉地对他说：“这明明不是你剥的，为什么要说是你剥的？你这么小就不说真话，以后还有人相信你吗？”

这件事虽然很小，却给司马光留下了深刻的印象。从此，无论是为人处事，还是著书立传，他总是十分诚实，不敢有半点虚假。

小木碗

从前有一对夫妇对年迈的父母很不孝顺，他们把老人撵到一间破旧的小屋里居住，每顿饭用小木碗送一些不好吃的东西给老人。

一天，他们看到自己的儿子在玩一块木头，就问孩子木头有什么好玩的，孩子说：“我想用这个木头刻木碗，等你们年纪大时好用。”这时，这对夫妇猛然醒悟，把年迈的父母请回正屋居住，还扔掉了那只小木碗，拿出家里最好吃的东西给老人吃。小孩因此转变了对他们的态度，从此一家三代和睦生活。

家庭教育对孩子的影响起始最早、持续时间最长、能效最强，并且在家庭教育中，最重要的就是品德教育，是教孩子如何做人的教育。中华五千年的文化，孕育了中华民族诚信友爱、温文有礼的优雅人格，积淀了深厚的家庭教育内涵，其中很重要的一个方面就是非常重视孩子的道德品质教育。

教子有方

心理学研究表明，人的性格、品德和行为习惯在七岁之前就基本形成了，这六七年的家庭教育是孩子一生的奠基教育。因此，在家庭教育中，父母对孩子的启蒙教育，就是要传承经典，以传统美德培养孩子的良好品行。

一、了解孩子品德形成的规律和特点

品德的形成是道德认识、道德情感、道德意志和道德行为四者相互统一作用的发展过程。要培养孩子的美德，父母首先要了解孩子品德形成的规律，依据品德发展的年龄特点进行。

孩子的道德认识具有具体、片面、表面的特点

道德认识，就是人们对是非、善恶、美丑的行为准则及其意义的认识，

是品德的基本组成部分，对个人品德发展起导向作用。由于孩子初至人世，其身心发展的特点，特别是思维发展的水平，制约着其对社会规则的认识、理解和掌握，使他们的道德认识处在较低的水平。

孩子道德认识的形成，可以分为以下三个阶段：

①获得具体的道德印象阶段。这一阶段的孩子最初形成的道德认识总是和某一特定的事物或行为相联系。例如，孩子认为好朋友就是和自己经常在一起玩的某个小朋友。②道德形象的概括化阶段。这一阶段的孩子，随着道德印象积累的增多，逐渐将道德形象简约化和概括化，道德认识开始和某一类型的事物和行为联系。例如，好朋友不仅是特定的某一个小朋友，还包括自己喜欢的或者喜欢自己的、常在一起玩的这一类小朋友。③形成初步的道德认识阶段。这一阶段孩子能初步把握道德规范的本质意义。例如，好朋友就是能相互关心、相互爱护的不分年龄大小的所有人。

■ 孩子的道德情感具有直接性、具体性、外露性的特点

道德情感，就是人的道德需要是否得到满足所引起的一种内心体验，道德情感具有认识和鉴别功能，能影响道德认识的形成。

2 ~ 4 岁的孩子，其道德情感主要由外部情境刺激引起，更多的是直觉形式的体验，如到幼儿园后本来情绪已经稳定的孩子，看见新入园的孩子哭，自己也会跟着哭起来；4 ~ 5 岁的孩子，随着认知的发展，开始通过联想和想象对他人和自己的行为产生情感体验，此时形象性的道德情感开始产生，如看见其他孩子在哭，会主动询问原因，并用语言和动作进行帮助；5 岁以后，随着生活范围的扩大，特别是思维的发展，孩子开始意识到道德规范并由此产生相应的情感体验，这时真正意义上的道德情感才开始产生。

■ 孩子的道德行为具有坚持性差、常与道德认识相脱节的特点

道德行为是人们在一定道德情感和道德意志的支配下所采取的行动。

孩子的道德行为，动机不明确，坚持性较差，易反复，易受外界情境和环境的影响。他们的道德行为从无意的道德行为开始，即孩子的道德行为基本上由社会、集体、他人等外在因素的作用而产生，到模仿性道德行为，即在榜样的影响下，孩子能自觉地模仿榜样的行为方式，采取一定的道德行动，再到形成相对稳定的道德行为，但具有明显的具体形象性和直观性。例如，对孩子进行礼仪教育，最初孩子在父母的提醒下，会向亲人和熟人问好；在教育的影响下，孩子会有意识地模仿礼貌的行为，向人微笑或问好；通过教育和强化，孩子见到熟人，会主动热情地打招呼。

针对孩子的品德发展规律和特点，父母在家庭教育中要传承经典，培养孩子的美德，应当以激发孩子的美好情感和养成孩子的良好行为习惯为主。

二、哪些美德可以使孩子终身受益

依据新时代有关家教、家风的精神及幼儿德育的目标要求，根据孩子的成长规律和年龄特点，对孩子终身受益的美德主要包括以下内容：

■ 爱的情感——情感品质

爱祖国、爱家乡、爱集体、爱劳动、爱科学的情感是孩子品德发展的基础和动力。

①爱祖国、爱家乡的情感包括爱父母、爱亲人、爱老师、爱同伴、爱各行各业的劳动者，爱幼儿园、爱大自然等。

②爱集体的情感包括喜欢幼儿园的集体生活，喜欢与小朋友友好相处，有初步的集体荣誉感等。

③爱劳动的情感包括体验劳动的愉快，体验劳动中的合作与关心，爱护劳动成果，爱惜物品和公共财物，愿意并喜欢参与集体劳动。如，乐意

自己的事情自己做，愉快地收拾、整理自己的玩具和图书等物品。

④爱科学的情感包括对周围的事物、现象感兴趣，有好奇心和求知欲，爱护动植物，关心周围环境，珍惜自然资源，有初步的环保意识。

■ 良好的品德和行为习惯——社会性品质

孩子的社会性品质主要指孩子能初步客观地认识和评价自己，乐意与人交往，乐于互助、合作和分享，有同情心，理解并遵守日常生活中基本的社会行为规则，初步了解自己生活的社会环境，有良好的社会行为和习惯，如诚实、自信、友爱、勇敢、勤学、好问、讲礼貌、守纪律、爱护公物等。

■ 活泼开朗的性格——个性品质

孩子的性格是在其与周围环境相互作用的过程中形成的，一般来说，亲子关系在孩子性格的萌芽阶段起着非常重要的作用。一个活泼开朗的孩子，总是对自己的能力充满信心，容易和周围的人友好相处，对新鲜事物有着强烈的探索欲望，喜欢参加各种活动。孩子拥有活泼开朗的性格，能促进其良好个性品质的形成，这不仅是身心健康的需要，也是当今社会发展的需要。父母应当充分尊重孩子的个体差异，根据孩子不同的心理发展水平，在家庭教育中采取有效的活动形式和方法，培养孩子良好的个性品质。

三、培养孩子美德的途径和方法

■ 爱和尊重孩子

培养孩子的美德，父母首先要爱和尊重孩子，让孩子在良好的家庭环境中感受美好的情感，从而主动、积极地养成良好的品德和行为习惯。

父母的爱是打开孩子心灵的钥匙，是孩子情绪转化的催化剂，更是养成孩子良好品德和活泼开朗性格的驱动力。只有爱孩子，才能赢得孩子的信赖；孩子只有对父母有了信赖，才会接受父母的教育。并且，被父母爱着的孩子，心理上得到了爱的满足，也会心情愉快、朝气蓬勃、积极向上。

父母对孩子的爱必须适度。对孩子放任不管、不闻不问，爱的缺失容易使孩子产生孤独感，缺乏自信，甚至对周围人也采取冷漠的态度，使孩子要么无视社会规则，要么胆小怕事，要么冷漠无情。爱得过头，就是溺爱！一切包办代替，把孩子当成温室里的花朵，无疑会使孩子变得软弱，同样会使孩子缺乏自信，毫无独立生活能力。

爱和尊重是教育的前提，教育是爱和尊重的体现。爱和尊重孩子并不是无原则地迁就孩子。古代教育家深知宽严相济，爱须与教相结合，正所谓“爱之深，责之切”。我国南北朝时期的教育家颜之推的《颜氏家训》，被后人誉为家教规范的经典之作。他在书中提出：爱而有教，严而有慈。父母在教育孩子时，要做到爱子与教子相结合，威严和慈爱相结合。他说父母对孩子只知一味溺爱而不加以正确引导，孩子做错了事本该训诫，反而给以奖励，说错了话应当责备，反而不了了之，长期如此教育，对孩子并没有什么好处。同时，他还主张，对待所有的孩子要一视同仁而不能偏爱。

■ 以身作则、言传身教

我国传统家庭教育很重视言教和身教，尤其重视身教。孔子在《论语·子路》中说：“其身正，不令而行；其身不正，虽令不从。”强调父母自身行为要正，才能教育好孩子。家庭成员生活在一起，父母的观念、情绪、行为必定会对孩子产生潜移默化的影响。因此，培养孩子良好的品德和行为习惯，父母一定要从自身做起，从小事做起，凡是要求孩子做到的，自己首先做到；凡是要求孩子不能做的，自己坚决不做。

古人认为孩子不良习惯的形成在于长辈的榜样不良。问题孩子多是由问题家庭培养出来的，每一个问题孩子的背后，都会有一个问题家庭或一对问题父母。家长以身作则是孩子美德养成的最有效的途径，正如苏联教育家马卡连柯所说："父母对自己的要求，父母对自己家庭的尊敬，父母对自己一举一动的检点，这是首要的和最基本的教育方法。"

无身教的言教是没有力度的，苍白的；无言教的身教也是不充分的，模糊的。因此，父母在培养孩子美德的过程中，要根据孩子的年龄特点和接受程度，将身教和言教相结合，循循善诱，从而让孩子由无意识的模仿发展到有意识的行动。

■ 在日常生活和游戏中培养孩子的美德

日常生活不仅对孩子美德的培养有多方面的影响，而且能为孩子良好的品德及行为习惯的养成提供形式多样的练习和实践的机会。"生活即课堂"，只要父母做个有心人，与孩子一起做家务、走亲访友、外出旅游等，这些活动都是最佳教育途径。由于孩子品德和行为习惯的养成不是一朝一夕、一事一物、一句话、一个活动就能见效的，而是需要多渠道、全方位的有机渗透。因此，父母要根据孩子的年龄特点和个性特点，把美德的培养自然灵活地渗透到家庭生活的各个方面，使日常生活成为孩子美德培养的重要场所。

游戏是这个年龄段孩子的基本活动形式，常能带给孩子愉悦的情感体验，深受孩子喜爱。而孩子行为的动机不明确，坚持性较差，易反复，易受外界情境和环境影响的特点，在游戏中常常可以被克服。游戏是孩子美德得以巩固和运用的重要活动形式，因此，父母要利用孩子喜爱的游戏来培养孩子的美德。例如，在游戏角色的扮演中，让孩子扮演爸爸或妈妈，从中体会家庭成员间的关爱，培养孩子爱的情感和关心爱护他人的行为习惯。

■ 多用正面引导的方法培养孩子的美德

父母要遵循孩子直观行动性和具体形象性的心理特点，以生动直观的榜样行为、正面积极的事例、具体易懂的语言、表扬鼓励的方法等对孩子进行启发、引导，激发孩子美好的情感，使孩子自觉、主动地养成良好的品德和行为习惯。比如，孩子喜欢听故事、看动画片，父母就可以利用亲子阅读的时间，给孩子讲古代“黄香温席”“孔融让梨”等经典故事，为孩子树立孝老爱亲的榜样。

多表扬或鼓励孩子，表扬的言行要具体、生动，要能激发孩子愉悦的情感体验。与其对孩子说“你真棒”，不如说“你把玩具收拾得这么整齐，你自己看着舒服、高兴，我们也高兴”；多用赞许、欣赏的眼神，点头、微笑、拥抱等亲昵动作，适度采用送书籍、衣物、玩具等物质奖励。

需要注意的是，正面引导并不是不能批评、惩罚孩子。批评、惩罚孩子要以关爱孩子为目的，要讲究方法。孩子因生理和心理发展不成熟，很容易犯错。当孩子出现错误行为时，父母应当以关爱、宽容、接纳的态度来对待孩子犯的错，同时站在孩子的角度给予理解和帮助；而不应不讲方式地批评或惩罚孩子，这样很容易伤害孩子的自尊心，让孩子产生逆反心理和抵触行为。

清代教育家颜元说过，“数子十过，不如奖子一长”。正面引导的方法，可以激发孩子的上进心，有利于培养孩子的自尊心和荣誉感，有助于激发孩子美好的情感，使孩子养成活泼开朗的性格，形成良好的品德和行为习惯。

互动平台

亲子手工制作“美德树”

（1）制作树干和树枝。和孩子一起用纸板等材料制作树干和树枝，可以粘贴在墙上，也可以粘贴在孩子喜欢的地方。

（2）制作果实。和孩子一起用纸张等材料剪出各种果实的形状，可以是苹果、梨子、桃子、香蕉等，也可以是西红柿、萝卜等。可以一次制作一种果实，也可以一次制作一批果实。

(3) 让孩子给果实画形涂色。一种果实对应一种美德，例如友善的苹果、礼貌的梨子、勇敢的桃子等。可以一次涂画一种或多种果实。

(4) 把涂画好的果实粘贴到树枝上。孩子具有了某种美德行为就粘贴相应的果实。美德越多，树上的果实越多，美德树越茂盛多彩。让孩子感受美德是人类生命之果。

他山之石

推荐一套书："幼儿品德教育第一课丛书"

英子、谢红亮著，安徽美术出版社 2014 年出版。

推荐理由：本丛书共有《从小懂礼貌》《培养好行为》《养成好习惯》《改掉坏习惯》《安全早预防》《危险能自救》六本。每本书都由生动有趣的小故事、形式多样的互动游戏组成。本丛书可以帮助父母用轻松、简单的方法教育孩子，使孩子养成良好的行为习惯，了解基本的安全常识。

结语

习近平总书记在会见 2016 年第一届全国文明家庭代表时指出：家庭教育涉及很多方面，但最重要的是品德教育，是如何做人的教育。这也就是古人说的"爱子，教之以义方"。

对于处在人生起步阶段的孩子，家长传递给他们什么，他们就接受什么。他们在起步阶段接受的东西可能会伴随、影响他们一生。所以，我们应该把美好的道德观念从小就传递给孩子，帮助他们拥有美好的心灵，使他们健康成长。

第四讲

尊重规律　舒展身心

——精心呵护孩子的身心健康

在与孩子的相处中，有的父母会对孩子指手画脚，较少考虑孩子的感受，过多限制孩子，挫伤了孩子的自尊心和自信心；有的父母又会对孩子的各种要求一味满足，总认为孩子还小，所有事情都包办代替，剥夺了孩子自由成长的机会，造成孩子缺乏独立意识，依赖性强。优秀的父母应该了解孩子的身心发展特点，尊重孩子的独立意识，对孩子的健康成长给予关注和引导。

◎育儿故事

“令人费解”的博威

3 岁多的博威今天把奶奶家的小鸡埋在花盆里，还用水浇，幸亏被奶奶及时发现，把小鸡救出来了。爸爸妈妈知道后很生气，批评他太调皮、太残忍了，是在虐待动物。

爸爸妈妈严厉地批评博威，可博威非常无辜地说：“我是想让小鸡长快一点呀！”原来，博威今天听奶奶说小鸡长得太慢了，就想起那天爷爷在浇花时说过给花浇水，花就会快快长大的。知道了博威这样做的原因后，爸爸妈妈才知道错怪博威了，因为博威不知道动物与植物是不一样的。

博威今天在吃葡萄时，妈妈就想教他学加法。妈妈先拿出 3 个葡萄，问博威有几个葡萄，博威用手指点着数，数得挺好，告诉妈妈有 3 个。妈妈又拿出 2 个葡萄并和刚才的 3 个葡萄放在一起，让博威再数，博威也很准确地告诉妈妈有 5 个。妈妈非常高兴，夸博威聪明。然后，妈妈就问博威“3+2=？”，出乎妈妈的意料，博威愣了好一会儿，竟然摇着头说不知道。妈妈把刚才的过程重复了一遍又一遍，博威都能知道 3 个葡萄加 2 个葡萄是 5 个葡萄，但就是不知道“3+2=？”。妈妈很生气，批评了博威，博威委屈得哭了。

为什么会出现这种情况呀？原来“3 个葡萄加 2 个葡萄是 5 个葡萄”是较低级的直观行动思维，是在具体感知和操作中认识的；而完成“3+2=5”

是需要高级的抽象逻辑思维的，并且这种思维在六七岁的孩子中才会萌发。

生活中，父母经常会发现孩子对事物的认识与成人不一样。这种情况下，父母要善于倾听孩子的心声，读懂孩子，不要随意批评、指责孩子。苏联教育家苏霍姆林斯基说过：“我们要像对待荷叶上的露珠一样小心翼翼地保护儿童的心灵。”每个孩子都是独一无二的，他们有着他们这个年龄特有的身心特点，有着独特的发展过程。了解孩子，赏识孩子，是父母的必修课。

教子有方

一、关注孩子的生理特点

孩子从出生到发育成熟，其生理功能和器官要发生一系列变化，然后才能达到结构上的完善和机能上的成熟。在整个生长发育过程中，各个器官发育的速度有快有慢。因此，了解孩子的生理特点是科学育儿的基础。

身体特点要了解

6岁前的孩子运动系统发育不够完善，骨骼生长的速度很快，可是骨却很软，容易因姿势不对而造成骨骼弯曲变形，特别是脊柱的发育，在未定型之前，不良的姿势易导致脊柱变形，出现驼背、脊柱侧弯等；孩子肌肉的力量小，也易疲劳；孩子的关节因关节窝较浅，韧带较松，灵活性强但牢固性差，容易因外力不当造成脱臼。家长应该供给孩子充足的营养，尤其是钙的摄入，同时也应该合理地让孩子进行锻炼。可以带着孩子多外出进行亲子活动，接受阳光浴、水浴等自然界的锻炼；时时关注孩子的姿势是否正确，预防骨骼畸形发育。

6岁前的孩子各种消化器官功能不够完善，整体上消化能力比较差。其中乳牙易患龋齿；胃的容量小，消化酶少，消化能力差；神经系统对胃肠的调节功能差，对饮食、气候和情绪的变化适应性差，易出现肠道紊乱；孩子肝脏解毒功能、抗感染能力和消化脂肪的能力都比较差，易患肝炎，也容易因饥饿导致低血糖。家长要保护好孩子的乳牙，让孩子养成早晚刷牙、饭后漱口的好习惯；避免吃过冷或过热的食物，可适当吃一些粗纤维食物，少吃甜食；养成细嚼慢咽，不挑食，不偏食，不暴食暴饮等良好的饮食习惯。

6岁前的孩子肾脏发育不完善，浓缩尿液及排毒的功能较差；膀胱储尿机能不完善，排尿次数多，不能很好地主动控制排尿的过程；孩子的尿道短，也容易发生尿道感染。因此，孩子每天需充足饮水，并且要定时排尿，防止憋尿。家长更要注意孩子尿道的清洁卫生。

6岁前的孩子脑发育非常迅速，需要大量营养；大脑皮层活动容易兴奋，但兴奋容易扩散，注意力很难持久，且易疲劳；由于神经系统发育还不够成熟，需要较长的睡眠时间进行休整。家长应有规律地安排孩子的生活及活动，动静交替，劳逸结合，使大脑有充分的休息时间。另外，家长在家中还可以开展丰富的双手交替活动，如做手工、穿珠等，以锻炼和开发孩子的左右脑，使孩子的反应越来越灵敏。

■ 营养知识要知道

幼儿期正是孩子长身体的时期，营养是保证其健康成长的重要因素。若营养摄入不足，易导致营养不良，甚至会影响智力的发展。食物中的营养主要指所包含的营养成分即营养素，可分为六大类。

六大营养素对人体的影响及主要来源

营养素	对人体的影响	主要来源
蛋白质	构成人体细胞组织的原料。 如果摄取不足，可导致身体发育迟缓、体重减轻、抵抗力下降，甚至妨碍智力发展。	动物性食物，如乳类、肉类、蛋类、鱼类等；植物性食物包括大豆类及其制品。
碳水化合物	人体热能的主要来源。 若摄入过多，易导致肥胖；若摄取不足，会使体重减轻，易导致营养不良。	谷类、干豆类、根茎类及食糖等。
脂肪	促进脂溶性维生素的吸收，还能增加食物的美味，延缓胃排空。 若摄取不足，可使体重下降；若摄取过多，会在体内堆积，导致肥胖。	动物油、植物油，应以植物油为主。
无机盐	构成人体组织的重要元素，调节生理功能。幼儿需要且易缺的无机盐有钙、铁、锌、碘。 若钙摄取不足，易患龋齿、佝偻病以及低钙手足抽搐等。 若饮食中缺铁，易患缺铁性贫血。 若体内缺锌，则会生长发育迟缓，食欲减退，味觉和嗅觉异常，创伤愈合慢。 若体内缺碘，容易引发甲状腺肿大，影响脑组织正常发育。	含钙较丰富的食物有奶类及其制品、豆类及其制品、小虾皮等。含铁较丰富的食物主要有动物肝脏、动物血、瘦肉、蛋黄以及豆类、绿叶蔬菜等。动物性食物中含锌较丰富，如瘦肉、动物肝脏、鱼类、奶类及海产品等。含碘较多的食物有海带、紫菜、虾、干贝等海产品。

维生素	维生素能维持机体正常的生命活动，小时候比较重要且易缺乏的维生素有： 维生素 A（能维持人体的正常视觉）； 维生素 D（可以促进肠壁吸收钙、磷，使骨钙化，保证骨骼和牙齿的正常发育）； 维生素 B_1（对神经、肌肉正常生理功能起重要作用）； 维生素 B_2（儿童时期若缺乏维生素 B_2 会出现眼睛、口腔、皮肤等部位的炎症）； 维生素 C（有利于伤口愈合、止血，还能提高机体的免疫力）。	维生素 A 主要来源于动物肝脏、蛋黄、乳类、奶类、鱼肝油等。维生素 D 主要来源是晒太阳。含维生素 B_1 较丰富的食物有谷类、豆类、动物内脏、蛋黄等。维生素 B_2 主要存在于各种食物中，如乳类、动物肝脏、肉类、鱼类、蛋类、绿叶蔬菜、豆类、粗粮等。维生素 C 主要来源于新鲜的蔬菜和水果，如菠菜、青椒、柑橘、猕猴桃等。
水	构成身体组织细胞的主要成分，占体重的 60% 以上。孩子年龄越小所需水越多，特别是温度较高的夏天，更应充足饮水。	

为了满足孩子生长发育的需要，促进孩子健康成长，家长要注意：孩子每日必须摄入一定量的食物，并且这些食物要满足合理营养的需求；同时每日的饮食还要讲求荤素搭配、干稀搭配、主副食搭配和粗细粮结合；另外，还要让孩子养成良好的进餐习惯，比如饮食定量，不挑食，不偏食，按时有规律地饮食，注意饮食卫生等。

另外，疾病会直接影响孩子的健康成长，对于生活中一些常见的疾病，如感冒、龋齿、肥胖症等，父母要提前做好预防，以减小发病的概率。同时还要做一个细心的家长，每天观察孩子的各种表现，如孩子生病时，在精神、表情、脸色、食欲、睡眠方面都会有异样。

二、关注孩子的心理发展

孩子的心理发展与身体发展一样，不同的年龄阶段会表现出不一样的特点。我们了解了孩子的心理特点后，便会理解孩子表现出的很多成人无法理解的行为，从而更好地与孩子相处，更好地培育孩子。

■ 幼儿期心理发展的一般特点

孩子对客观世界的了解是从认识活动开始的，孩子的认识活动表现为具体性和形象性。这种具体性和形象性主要表现在如下几个方面：

第一，对事物的认识主要依赖于感知。孩子在认识事物时，往往通过不停地用眼睛看、用耳朵听、用手摸、用鼻子闻、用嘴尝等方式进行。他们对事物的认识较多地依靠对实物的直接感知，通过与事物的直接接触来认识事物的形状、颜色、气味等。如果孩子拿着一个火龙果，他就要通过与火龙果的样子、颜色、味道等的直接接触来认识火龙果的特征；如果孩子没见过火龙果，成人单纯靠语言来讲述，他是没办法理解的。正是因为孩子对事物的认识较多地依靠直接感知，常常停留在事物的表面，所以他们不能认识事物的本质特点，像育儿故事中的小主人公博威无法回答妈妈的“3+2=？”，就是因为他只知道具体事物的相加而无法脱离具体事物认识“数”的概念。

第二，表象活跃。当我们说到黄鹤楼时，虽然黄鹤楼不在眼前，但我们头脑中会出现黄鹤楼的形象，这个在我们头脑中出现的黄鹤楼的形象就是表象。表象虽然不是实际的事物，但它是直观的、生动形象的，因而表象也有具体性的特点。孩子头脑中充满了具体形象，如孩子在洗澡时把淋浴头当麦克风，站在浴盆里就开起了“演唱会”。

第三，抽象逻辑思维开始萌芽。整个幼儿期，幼儿思维的主要特点是具体的、形象的，但是，五六岁的孩子已明显地出现了抽象逻辑思维的萌芽。这个阶段，孩子对事物因果关系的掌握等有所发展，初步的抽象能力明显地发展起来。他们回答问题时，不单从表象出发，而能从较抽象的方面来推断事物的因果关系。比如，一个6岁的女孩在看动画片时，爸爸下班回家要她帮忙拿拖鞋，她不想去拿，就反问爸爸："您没有脚吗？"爸爸说："没有。"孩子马上反问："那您要鞋干吗？"爸爸马上改口："我有脚。"孩子说："那您不会自己拿吗？"从父女二人的对话中，我们可以明显感受到这个小女孩的思维非常严谨。

■ 心理活动无意性占优势

第一，认识活动以无意性为主。认识过程的无意性是指没有目的，不需要任何努力，自然而然地进行。认识过程中的无意性在孩子的认识过程中表现得非常突出，特别表现于孩子的注意、记忆和想象等心理活动之中。

鲜明的颜色、生动的形象、运动的物体等都非常容易引起孩子的注意，这种注意就是无意注意，它是由孩子对事物感兴趣而引起的。孩子对事物的注意是以无意注意为主的，孩子在看动画片、看电视、玩游戏等活动中运用的往往是无意注意。

孩子对事物的记忆是以无意性为主的。他们往往不能自觉或主动地去记住一些东西，常常是不知不觉地记住感兴趣的事物。比如，专门让孩子学一首儿歌，如果孩子不感兴趣，可能费了九牛二虎之力去教，效果也不一定好；但如果孩子对偶尔听到的一句话感兴趣，他可能毫不费劲地就记住了。

孩子的想象也是以无意性为主的。孩子这种没有目的的想象在游戏、绘画和听故事等活动中表现得非常明显。如，当孩子拿到一张报纸后，他把报纸卷成纸筒，一会把纸筒当望远镜，一会又把它当喇叭，一会又把它当金箍棒。孩子在想象时事先没有任何的预想，没有固定的主题，想象内容会随时变化，这一点在孩子的绘画中表现得也很突出。再如，孩子往往会不厌其烦地听同一个故事，那是因为他们在听故事时会不由自主地展开想象，头脑中会出现画面，而且每次听故事时出现的画面也是不一样的。

第二，情绪对心理活动的影响大，自我控制能力差。孩子心理活动的无意性还表现在孩子的心理活动易受情绪的影响。有实验表明，孩子在愉快的情绪状态下，一般能够接受任务，坚持活动的时间也比较长，任务完成的情况也比较好。反之，如果孩子情绪低落、不愉快或处于恐惧、痛苦的状态，活动效果就比较差。

第三，心理活动开始出现有意性。随着孩子年龄的增长和教育的影响，四五岁的孩子已能初步按成人的要求做事。到了五六岁时，孩子已能初步控制自己的行为，有目的地进行活动，心理活动开始向有意性发展。

■ 个性特征开始形成

第一，初步表现出一定倾向性的兴趣爱好。一般来说，3 ~ 6 岁的孩子的兴趣范围、兴趣内容相对稳定，他们往往对新鲜的事物感兴趣，喜欢游戏，喜欢运动的物体，喜欢动画片。同时他们也出现明显的个别差异，有的孩子对昆虫感兴趣，有的孩子对小汽车感兴趣，而有的孩子又喜欢画画。

第二，表现出较为明显的气质特点。孩子一出生就表现出一定的气质特点，有的安静，有的爱哭闹。到了3岁后，这种气质特点会表现得更加明显，他们的活动都有其特有的风格，稳定性也逐渐增强。如，有的孩子活泼好动、动作敏捷，但冲动鲁莽；而有的孩子则缓慢、呆板，但做事专注。家长要了解孩子的气质特点，教育中注意有的放矢。

第三，表现出最初的性格特点。日常生活中，人们对待周围人与事的稳定的态度和惯常的行为方式就是一个人的性格。每个孩子在活动与交往中逐渐形成自己特有的对人、对事和对物的态度和相对稳定的行为方式。如，有的孩子很大方，愿意与别人分享自己的玩具；而有的孩子非常小气，不愿把玩具拿出来与大家一起玩。家长需注意孩子的不良行为并给予及时的教育，避免孩子的不良行为稳定下来，以形成不良的性格。

互动平台

想一想：您对孩子是欣赏的时候多还是指责的时候多？您有没有过迁怒于孩子的时候呢？当您的孩子做“坏事”的时候，您是否在指责孩子之前先耐心问他这样做的原因呢？

他山之石

推荐一本书：《妈妈最该读的儿童保健书》

赵熠宸主编，中国医药科技出版社 2013 年出版。

推荐理由：该书从孩子生理特点出发，介绍了如何做好 0 ~ 6 岁孩子的保健，包括营养搭配、疾病预防等，给妈妈们提出了科学的、具有操作性的指导，让每个妈妈都成为孩子的保健专家。

结语

人们都说“不要让孩子输在起跑线上”。所谓的“起跑线”，我们认为应该是孩子在正长身体的时候保证其有一个强壮而健康的身体，在心理发育的关键时期能形成良好的心理素质，这其中起决定性作用的就是父母。因此，父母必须了解孩子身心发展的特点及影响因素，创造有利条件，确保孩子健康成长。

第五讲

游戏育儿 乐享成长

——让游戏点亮孩子的快乐童年

游戏是孩子的基本活动，孩子喜欢游戏是天性使然。现代幼儿教育已经将快乐游戏视为儿童幸福童年的象征和儿童应有的生存和发展的权利。我们家长一定要明白：游戏是孩子独特的生活和学习方式，是 3 ~ 6 岁阶段孩子家庭教育的重要手段和内容。

育儿故事

游戏的十大原则

陈鹤琴先生（1892—1982）是我国著名的儿童教育家，被誉为“儿童教育的圣人”“中国幼教之父”。

陈鹤琴先生在其著名的《家庭教育》一书中强调，对幼儿而言“游戏就是工作，工作就是游戏”，并指出孩子游戏有十大原则：小孩子应有画图的机会；小孩子应有看图画的机会；小孩子应有剪图的机会；小孩子应有剪纸的机会；小孩子应有着色的机会；小孩子应有锤击的机会；小孩子应有穿珠的机会；小孩子应有浇花的机会；小孩子应有塑泥的机会；小孩子应有玩沙的机会。这十大原则，即孩子的十种游戏方式，每一种都蕴含着丰富的教育价值。陈鹤琴先生也常常用这样的游戏方式来教育自己的孩子陈一鸣。

“一日，一鸣用一堆书做完游戏后不愿整理，于是我扮成工人抬东西，嘴里‘海荷’‘海荷’地叫着，替一鸣整理起来；一鸣见状，也跟着‘海荷’‘海荷’地叫着，将书籍搬到书架上。”

“一鸣还没有到2岁，我就给他画图的机会。我买了一盒颜色蜡笔和纸给他，叫他画画。当初他只能随便乱涂，不成什么东西，但是他非常喜欢涂鸦。在这个当儿，我是极注意他坐的姿势和执笔的姿势的，以免他养成坏的习惯。到了2岁零几个月，他就能画成东西了，到了现在（3岁零9个月），他能画得有点意思了，而且在不知不觉中已记住了许多颜色的名字。”

陈鹤琴先生曾说：“游戏是儿童的心理特征，游戏是儿童的工作，游戏是儿童的生命。”对于3～6岁的孩子来说，游戏是一种重要的学习方式。然而，一些不懂得儿童心理的父母却认为游戏就是玩，玩是没有意义的。把游戏和学习割裂，急功近利的“小学化”教育观更是驱赶着父母们不断“抢跑”，禁止孩子游戏，追求“小学化”知识的习得，导致幼儿园阶段的家庭教育“小学化”倾向日趋严重。为了孩子能拥有幸福的童年，父母要树立正确的游戏教育观。

教子有方

在成人的思维中，游戏是工作之余的娱乐和放松，因此成人常将游戏视为与工作相对立的活动。而幼儿阶段的孩子游戏与成人游戏有着很大的区别。除了在娱乐和放松方面具有共性，幼儿阶段的游戏还是孩子生活的方式、学习与成长的重要依托。孩子的生活中如果没有游戏，将失去生活及学习与发展的快乐。

一、游戏是孩子的最爱

孩子之所以喜欢游戏，是因为孩子内心想追求实实在在的快乐体验。这种快乐体验不仅仅是外部感官的刺激，更重要的是来自孩子对外部环境的掌控和自己能力的提升。游戏的快乐体验主要包括以下几方面：

■ 兴趣性体验

充满强烈好奇心和求知欲的孩子常常会被外界刺激物所吸引而产生游戏行为，这种情不自禁地被卷入、被吸引的心理状态就是兴趣性体验。激发兴趣的游戏，孩子更喜欢参与，甚至沉迷其中，令孩子感受到无比的快乐。孩子对自己感兴趣的事物更愿意去学习和探索，对自己感兴趣的游戏更愿意克服困难去坚持、去挑战。

■ 自主性体验

3 ~ 6 岁孩子的游戏是对现实生活的模拟、缩影，有别于真实生活，但在自娱自乐的游戏过程中却获得了现实生活中无法满足的自主性体验，“我想玩就玩”“我想怎么玩都可以”。当孩子在游戏过程中享有高度的自主权，可以自由地选择游戏的内容、规则和伙伴时，这种自主性体验会让他们体验自己对外部环境的掌控力，享受自主带来的强烈刺激和满足。

■ 成就感体验

在自发、自主、自由的游戏中，孩子可以通过反复尝试，找到适合自己能力与兴趣的游戏内容和方式，不必担心因失败而招致成人的批评，心态会非常放松，容易产生成功的体验。在游戏的世界里，孩子无所不能，整个世界都可以按照他们的意愿重新被安排。他们可以通过想象实现对现实环境的改造，从而获得强烈的成就感体验。

■ 生理快感体验

3 ~ 6 岁的孩子，骨骼、肌肉和神经系统都比较娇嫩，容易疲劳，因此他们普遍好动。长时间呆坐不动、无所事事会使孩子困倦和难受。而在游戏中，孩子是自由的，可以随意变换动作或姿势，从而缓解骨骼和肌肉系统的疲劳，使中枢神经系统的机能状态调整到最佳水平，因此孩子容易体会到生理的快感，表现得特别开心。

二、游戏的教育价值

游戏能增强孩子的身体素质，扩大孩子的想象空间，活跃孩子的思维，增强孩子的责任感，并实现孩子初期的社会化等。对 3 ~ 6 岁的孩子来说，游戏是一种非常必要而且具有发展性的活动。

■ 促进身体发展

孩子是好动的，喜欢自由的。也正基于此，游戏可以充分满足孩子的身体对运动的需求，促进其身体发展。哪怕是成人认为最没有意义但孩子又最喜欢的疯跑、追逐和嬉戏，都会使孩子身体各部分得到充分活动，促进其血液循环系统和呼吸系统的发展，增强其新陈代谢的功能，锻炼其肌肉和骨骼，发展走、跑、跳、平衡等基本动作的协调性和灵活性。像拼图、玩沙、玩水等游戏可以训练孩子的手腕、手掌、手指的小肌肉的灵活性，增强手与眼的协调性。

■ 促进智能发展

孩子的许多游戏看似与学习没有关联，但其实都蕴含着学习与发展的价值，能有效促进孩子的智能发展。如当孩子扮演某个游戏角色时，他们会不断地移动、聆听、观察、思考、表达，这些感官刺激有助于培养孩子的注意力、观察力和判断力，也会促进孩子思考、想象和创造。因此，游戏对孩子的智能发展具有重要的意义。

■ 促进情绪情感发展

在游戏中，孩子没有具体的任务去完成，他们要做的仅仅是游戏，在游戏中获得快乐的体验是最终目的。在游戏中，孩子可以随心所欲地表达自己的想法，宣泄自己的情感。因此，孩子在虚幻的游戏王国里可以尽情地释放因社会环境以及成人的要求而产生的压力，消除不愉快的情感体验，从而促进他们早期的人格构建以及心理的健康发展。

■ 促进社会性发展

游戏最初是从现实生活中衍生出来的，孩子在游戏过程中喜欢模仿成人的言行举止，这是他们渴望参与现实社会生活的一种表现。孩子正是通过游戏来认识社会，了解社会的行为规则，满足自己参与现实社会生活的心理需要，从而轻松完成积极社会化的过程的。如通过“玩具找家”的游戏，孩子可以养成收拾玩具的好习惯；通过“小客人”的游戏，孩子可以学习礼貌做客的礼仪规范。

三、孩子们喜爱的游戏类型

我国幼教界在学习和借鉴国外游戏理论的基础上，对 3 ~ 6 岁孩子的游戏分类进行了创造性的探索，将游戏大致划分为两大类：创造性游戏和规则性游戏。这两大类游戏是孩子在幼儿园和家中喜闻乐见且特别喜欢玩的，父母对此应该有所了解，并能积极支持孩子进行游戏，从而密切亲子关系，丰富家庭生活，促进孩子健康发展。

■ 创造性游戏

创造性游戏包括角色游戏、表演游戏和建构游戏，这些游戏的规则是内隐的，孩子可以自由玩耍，有利于促进孩子主动性和创造性的发展。

角色游戏是孩子通过模仿和想象，以动作、语言来创造性地扮演角色，从而反映现实生活的一种游戏。在角色游戏中，孩子不是单纯玩玩具，而是以角色自居，通过使用玩具的动作来表现假想的游戏情节，并且假想各种游戏情景以表达自己的思想、感情和体验。如孩子扮演医生时，就会模仿医生给病人看病和打针；扮演老师时，就会模仿老师跟小朋友上课或玩游戏。

表演游戏是孩子按照童话或故事中的情节要求来扮演特定的角色，按作品规定的内容进行游戏。如《拔萝卜》《小兔乖乖》《小红帽》《白雪公主》等都是深受孩子们喜爱的可供他们表演的童话故事。表演游戏能帮助孩子深入地理解故事的内容，体验作品中人物的思想感情，加深孩子对是非的认识，促进孩子表演能力的发展。

建构游戏是孩子通过使用一些建构材料来建造或构造各种建筑物或物体，通过亲手操作及其作品，反映他们对周围事物的印象，如孩子喜欢用积塑拼装车辆，用沙土建造城堡等。建构游戏中，孩子会不停地尝试堆、放、握、挖、拼装、整理等动作，从而促进小肌肉的发展，提高动作的精确性，培养其艺术审美和创造能力。在建构游戏中，孩子还可以认识建构材料的性质、大小、颜色和重量，获得一些空间概念、数学概念等。

■ 规则性游戏

规则性游戏包括智力游戏、体育游戏和音乐游戏。这些游戏是成人在孩子自发游戏的基础上，为一定的教育目的而编制的游戏。这类游戏可以由成人组织孩子进行，也可以由孩子自己组织进行。

智力游戏是以生动有趣的游戏形式使孩子在自愿的、愉快的情绪中增进知识，把智育因素和游戏形式结合起来的一种益智游戏。智力游戏种类较多，常见的主要有：①比较异同的游戏，如“找不同”。②分类游戏，按各种标准如颜色、形状、大小、性质、作用来将物体进行分类。③推理游戏，如小红比小明高，小红比小华矮，谁最高？谁最矮？④计算游戏，如比多少，看谁算得快。⑤记忆游戏，如记忆两张画的异同，记数字，等等。

体育游戏是指发展基本动作和促进体质体能发展的游戏。它最符合孩子活泼好动的天性，还能培养孩子具有勇敢、坚毅、遵守纪律等优良品质。体育游戏大都是有规则的游戏，也有些体育游戏是没有规则的游戏，如拍球。另外，许多流传下来的民间游戏，如放风筝、捉迷藏、丢手帕、滚铁环、跳房子等，易于开展，老少皆宜。

音乐游戏是在音乐伴奏或歌曲伴唱下进行的游戏，主要用于发展孩子的音乐感受能力和舞蹈动作。这种游戏生动有趣、轻松活泼，可以活跃和丰富孩子的生活，提高孩子的艺术修养。

四、正确陪伴孩子游戏

亲子游戏是家庭内父母与孩子之间，以亲子感情为基础而进行的游戏活动，是亲子交往的重要形式。亲子游戏不仅有益于亲子之间的感情交流，密切亲子关系，还能很好地促进孩子的学习与发展。

■ 尊重孩子的游戏意愿

让孩子成为游戏的主人，就必须充分尊重孩子游戏的自主性，鼓励孩子自由选择游戏的种类、方式和伙伴。如带孩子到公园，一位父母本来预设的游戏是捉迷藏，但孩子发现了地上的树叶，并很感兴趣，这时父母就可以顺着孩子的意愿，引导他玩“捡树叶找不同”的游戏。孩子的创意被承认，自信心和思维能力都得到了发展，也能感受到亲子游戏的乐趣。

■ 当好孩子游戏的玩伴

游戏过程中，父母不应只扮演指导者，而应更多地扮演孩子的玩伴，在和孩子平等游戏的过程中培养孩子的自主性和创造力，从而最大限度地促进孩子的发展。父母要更多地观察孩子的游戏，总结经验，对孩子在游戏中取得的点滴进步加以肯定、褒奖。

■ 把握参与孩子游戏的度

父母参与孩子的游戏，过多的干预和纠正可能会妨碍孩子创造性和主动性的发展。因此，父母应根据孩子游戏的现实需要来决定参与的度。如果孩子游戏进展顺利，玩得很开心、很顺利，这时父母可以不打扰孩子，让孩子自主游戏；如果孩子在游戏中遇到了困难，这时父母可以根据具体情境，在尊重孩子主体性的前提下，帮助孩子解决问题，将游戏继续下去。

■ 指导要注意方式方法

有些父母在指导孩子游戏时，发现孩子有不当的情况，喜欢粗暴地斥责，甚至把玩具没收，弄得孩子不知所措。这种处理孩子游戏的方式很不妥，父母应该耐心地帮助孩子，使孩子明白错在哪里，怎样做才对。

■ 培养孩子收拾玩具的习惯

收拾玩具虽是件小事，但它关系到孩子良好习惯的养成。父母让孩子自己收拾玩具，要讲究方式方法，不要态度生硬地强迫孩子去做，可以用游戏的口气让孩子在玩中接受父母的要求，如告诉孩子“布娃娃和它的小伙伴也该回家休息了，把它们送回家吧”，这样，孩子自然会把玩具送到固定的地方，长期坚持，孩子就会养成玩完玩具后收拾的好习惯。

互动平台

你会为孩子选择玩具吗？

为孩子选择玩具要有教育性，符合孩子的身心发展水平，符合卫生安全标准，更要体现经济适用的原则。父母可以为幼儿选择以下玩具：

（1）开展角色游戏和表演游戏的玩具，包括娃娃、小型的人偶、车模等，炊具、餐具、交通指挥灯、听诊器、药箱、围裙等，各种头饰及辅助材料等。

（2）开展建构游戏的玩具，包括积木、积塑、纸张、沙箱及辅助材料等，黏土、橡皮泥、面团、纸盒、纸杯等。

（3）开展体育游戏的玩具，包括球类、跳绳、铁环、沙包、推车及自制体育游戏材料等。

（4）开展智力游戏的玩具，包括七巧板、拼图、穿珠、纸牌、棋类等。

实际上，家庭里可以当玩具的东西还有很多，并不都需要买，利旧利废也可自制供孩子游戏的玩具。

他山之石

推荐一本书：《0 ~ 7 岁孩子家庭游戏全方案》

[德]科耐莉亚·尼弛、吉拉德·胡特尔著，中国妇女出版社2012年出版。

推荐理由：该书包含数百种游戏供父母在孩子的成长过程中使用。书中的每一部分都是先从儿童成长中的科学研究理论入手，用通俗易懂的语言解释为什么，然后解答父母可能会遇到的问题，告诉父母应该去寻找合适的解决之道，最后列出了供父母参考的游戏方案。

结语

游戏作为孩子生活的一种方式，更是教育孩子的一种有效方法。游戏点亮孩子的快乐童年，父母需要还游戏权利于孩子，为孩子创造在游戏中学习与成长的机会，为孩子留下更多美好的童年回忆。

第六讲

科学锻炼　健脑强身

——让运动伴随孩子一生

随着时代的发展，年轻的父母们越来越重视孩子的身体健康和体育锻炼。如何引导孩子认识自己的身体，习得适合孩子的运动技能？如何通过运动促进孩子大脑的发育，获得受益终生的锻炼习惯，养成良好的意志品质？这些将成为父母的必修课。

育儿故事

程菲是如何接触体操的

程菲，1988 年出生于湖北省黄石市，从 1995 年进入武汉业余体校练体操，到 2012 年退役，一共在三届世锦赛、三届世界杯总决赛、两届奥运会上获得了九个世界冠军，成为中国女子体操队获得世界冠军最多的队员。

程菲出身于普通家庭，父母双方都是工人，收入不高。出生后不久的程菲因营养严重不良，时常生病住院，这让她的父母十分忧心。程菲的父亲曾学过几年武术，所以在程菲很小的时候，就有意对她进行运动启蒙。当程菲学会走路后，父亲经常带她跳台阶，跳上跳下，跳得好时，就找来一块圆形的牌子，模拟电视镜头给女儿颁奖。

程菲长到 2 岁时，仍然面黄肌瘦，身高也比同龄的孩子矮一大截。当程菲 3 岁多时，父亲决定送她去学一个运动项目，希望通过体育运动，让她的身体健康起来。程菲的父母个子都不高，当时看到小个子邓亚萍称雄乒坛，他决定送女儿去业余体校学习乒乓球。不过，在业余体校，程菲由于具有体操天赋，被教练发现，于是便走上了体操之路。

听说女儿有体操天赋，程菲的父亲不由乐开了花，于是开始有意识地学习体操方面的知识，竟然还能对程菲的动作指点一二。买不起体操器械，他就因陋就简，在家中的屋梁上吊上杠子，一根杠子代表单杠；两根杠子，就是双杠；用粉笔在地上画上两条线，就成了程菲的平衡木。就这样，在父亲的支持、帮助下，在教练的培养下，程菲通过个人不懈的努力，不仅收获了健康的身体和众多荣誉，还形成了勤奋刻苦、敢于拼搏、勇于坚持的意志品质。

运动不仅能强健孩子的体魄，磨炼孩子的意志，还能锻造孩子勇敢、坚强、不言放弃等良好意志品质。这些意志品质会在孩子的生命中发挥极大的作用，为孩子的健康成长保驾护航。作为父母，无论在生活或工作中，都应以良好的心态给予孩子具体的指导与帮助。试想，一个喜欢赖床的父亲，怎么可能培养出每天早起锻炼的孩子？一个天天玩手机的妈妈，如何培养孩子的运动能力？

教子有方

一、运动对孩子的益处

运动促进孩子大脑发育

幼儿期是孩子大脑发育最为迅速、可塑性最强的时期。而适量的运动则可促进大脑神经的发育，对提高孩子各方面的能力有着重要作用。那么，在运动方面，家长可以为幼儿做些什么呢？

首先，尽量为幼儿选择多种器官共同参与的活动。例如，手眼协调活动，如抓子儿游戏等；眼脚协调活动，如踢定点球、踢滚动球、踢球击打目标等；听觉体育活动，如根据音乐节奏摆动身体等；位觉机能活动，如摇头操、转体等；本体感觉活动，如侧滚、软物爬、拍球等。其次，多让幼儿参加动脑和动手相结合的体育活动，如穿珠、翻绳、系衣扣、下棋等。总之，尽量使幼儿的左右手以及左右脚得到充分的活动，以达到左右脑协同发展的目的。

运动可以促进孩子大脑发育的观点已经得到了全球心理学家和运动学家的证实。为了不错过大脑发育关键期，父母需要不断地让孩子看东西、听声音、触碰东西、运动身体。如此一来，大脑的所有区域都会活跃起来，孩子的大脑就会变得发达，人也会更聪明。

■ 运动帮助孩子更好地适应社会

体育运动不仅是强身之育，也是强心之育。

在参加体育活动的过程中，孩子要克服种种困难，这有利于孩子勇敢、拼搏的精神和坚强意志的培养；而遵守竞赛规则，则可以帮助孩子调控自己的行为，这些都是孩子成长过程中所必需的。运动还可以锻炼孩子的社交能力，在集体性的体育活动中，孩子可以学会如何与人沟通。研究显示，喜欢运动的孩子更爱交朋友，更容易获得同伴的认可。

运动能帮助儿童构建社会认知体系。在运动过程中，孩子通过看、听、想、做、说等系列活动发展自己的认知，通过运动了解自己的身体，了解自己的同伴，了解自己的集体，完成心智和认知的塑形。在不断增长的运动技能中，身体、大脑与环境和谐相处，孩子借此探知多彩的世界。对此，父母应该有充分的认识，并将孩子的运动贯穿到日常生活中。

运动可以帮助孩子迅速适应环境。良好的环境适应能力不仅是身体健康的标志，更是高情商的体现。对孩子来说，运动给予了他们身体和大脑极好的锻炼，通过与同伴交往，积累自己的生活经验；通过运动中的冲突，学会冷静地判断事实，调整情绪，保持良好的状态。运动中难免会遇到困难，但办法总比困难多，教孩子学会在跌倒后爬起来，这会帮助他们形成自信的品格。遇到无法改变的现实的时候，运动教会孩子从自身做起，通过努力来改变自己、适应环境，从而在新环境中吸取成长的能量。父母若想增强孩子在生活中、实践中对抗挫折的能力，运动无疑是最有效的方式之一。如果孩子热爱运动，能在运动中承受挫折、勇于拼搏，同样也会战胜生活中的种种困难。

二、选择适合孩子参与的运动项目

■ 根据孩子的兴趣、性格和运动本身的特点来选择适宜的运动项目

儿童运动以身体练习为基本手段。可供孩子选择的运动项目很多，包括跑、跳、投、压等练习；捉迷藏、跳舞、溜滑梯等活动；郊游、拍球、跳绳、骑儿童车、游泳等运动。不同的运动项目会产生不同的锻炼效果。例如，提高速度能力，可选择跑、骑儿童车等项目；增强力量能力，可选择跳、投等项目；提高灵敏协调能力，可选择跳舞、打秋千、拍球等项目。父母可根据孩子的兴趣爱好、运动特点帮助其选择适合的运动项目。

另外，父母还可根据孩子的性格选择运动项目。不同性格的人可以选择不同的运动方式，找到最适合自己的运动方式。这不仅有助于强身健体，而且还能促进性格的完善。比如，胆小型性格的人可选择游泳、溜冰、体操等运动，因为这些项目要求运动者不断克服胆怯心理，以勇敢、无畏的精神战胜困难。孤僻型性格的人可选择篮球、排球、接力跑等团队运动，因为这类集体项目要求成员互相配合、相互交流，强调团队精神。多疑型性格的人可选择乒乓球、网球、羽毛球等运动，因为这些项目要求运动者头脑冷静、思维敏捷、判断准确、当机立断。

■ 适合幼儿参与的运动项目示例

第一，走路或慢跑。我国《3 ~ 6 岁儿童学习与发展指南》指出，3 ~ 6 岁儿童连续走路的一般距离分别为 1 千米、1.5 千米和 1.5 千米以上。人体有 639 块肌肉，步行时会有 400 多块肌肉得到锻炼。肌肉的运动总是一张

一弛，节奏感很强，而走路正好是满足这种节奏感的运动。慢跑是锻炼心脏和全身的好方法，慢跑前要做好准备活动，要穿合适的鞋和宽松的衣服，跑法要正确，而且需要孩子有良好的健康状况。

第二，跳绳。跳绳能提高孩子的心脏机能，使心血管系统保持强壮和健康。长期练习可以使全身肌肉变得结实，并使幼儿动作敏捷，增强思维力和想象力，因此跳绳也是健脑的最佳选择。跳绳可以消耗体内大量的热量，加速营养物质的吸收，加速骨骼的生长，促进身高的发育。如果孩子体重超标，跳绳能帮其轻松燃烧掉身上多余的脂肪。需说明的是，跳绳对手脚的协调性要求比较高，最好在 3 岁以后进行。

第三，骑自行车。经常骑自行车，可以发展孩子腿部肌肉的力量，提高孩子运动的速度，增强孩子反应的灵敏度和平衡能力等。建议给 3 岁的孩子准备三轮自行车，4 岁及以上的孩子准备两轮自行车。

第四，球类运动。球类运动的趣味性强，可通过比赛和对抗提高参与者的运动兴趣，是青少年首选的体育活动项目。经常参加球类运动可以增强孩子的心肺功能、肌肉力量和反应能力，调节孩子的心理状态。如小手拍皮球、小脚踢足球等活动都是孩子不错的选择。

第五，游泳。游泳可增加肺活量，提高身体对外界环境的适应能力，增强对疾病的抵抗力。实验表明，出生几个月的婴儿很快就能学会游泳，刚刚学步的幼儿很容易学会溜冰。因此，父母可以让孩子早一点学习游泳技能，进行游泳锻炼。

三、安全第一　避免运动损伤

有研究发现，大多数少儿运动受伤多是运动过度造成的，并且运动中常见的扭伤、拉伤等对孩子的生长发育会带来不良影响。因此，在孩子进行运动时，我们需要掌握科学的运动知识，遵循孩子的运动规律，帮助孩子制订合理的运动计划，使孩子养成科学的运动习惯，如此才能提高运动的质量，有效避免运动损伤。

■ 准备必要的运动防护装备

孩子在运动时应穿合适的运动衣服，并正确戴好相应的防护装备，如保护垫（颈、肘、胸部、膝盖、小腿等部位的防护）、头盔、面罩、防护眼镜等。家长同时应该提醒孩子，这些防护装备并不是万能的，不要因为戴了防护装备就随意开展危险的运动。另外，为确保孩子的安全，带孩子运动要选择正规、安全、有监护的运动场所，同时在运动前排除安全隐患，如检查运动场所有无可能会导致孩子跌倒的洞、坑、沟或其他凹凸物等。

■ 做有针对性的热身活动

剧烈运动前要认真做好热身活动，使身体各部位得到充分的准备。一般性准备是每次运动前都必须做的常规热身准备，如活动头、躯干、四肢、脚踝；专项性准备是根据特定的运动项目所进行的有针对性的热身练习，如拍球之前让孩子活动手腕和脚踝，游泳之前要进行全身的拉伸等。准备活动的量要因人而异、因项目而定，一般认为，对于兴奋性低、训练水平高的孩子，运动持续时间短或天气寒冷时，准备活动的强度可稍大些；相反，对于年龄小、基础差的孩子，运动持续时间长或天气炎热时，热身的强度宜小些，时间宜短些。

■ 重视自我保护能力的培养

由于生活和运动经验欠缺，孩子在运动中缺少自我保护的意识和方法，常不能判断所处环境是否安全，或因动作不规范造成损伤。在开始运动前，我们要明确告诉孩子一些安全知识。比如，在活动中不要推搡、碰撞同伴；

避免从高处往硬的地面上跳跃；大量流汗时不要对着风吹；跌倒时要避免头部着地；身体不适要立即停止运动，及时告诉老师或家长，等等。另外，体育运动的竞技性和社会性对孩子心理适应方面也有一定要求，因此父母要关注并帮助孩子排除心理障碍。在运动中有些孩子会存在不同类型的恐惧，如看到平衡木、跳跳板等器械就害怕，遇到这种情况，父母要加强与孩子的沟通，了解原因，帮助孩子调整心态，使孩子心情愉快地锻炼。

■ 选择健康的运动方式

6 岁以下的孩子，主要选择游戏性项目或用各种玩具进行游戏，而不选择对抗性较强的项目，活动目的是锻炼全身的协调性和灵活性。要避免参与拔河、掰手腕、负重跑、深蹲跳、倒立等对骨骼、关节、肌肉、心脏刺激较大的体育活动。

■ 保持适宜的运动负荷

进行体育锻炼必须要保持适宜的运动负荷，如果运动量太小，达不到锻炼身体的目的；而运动量过大，则身体健康会受到影响。如何判断运动量是否适宜呢？在运动中，当孩子表现出面色红润、汗量不多、呼吸较快、注意力集中、情绪愉快等，说明运动量可以承受；而当孩子表现出面色非常红或苍白、大量出汗、呼吸急促、注意力分散、精神疲乏等，则说明运动量太大了，需要调整运动量。

高强度运动后还应适当进行保健活动，避免“急刹车”，以免引起肌肉酸痛。比如，运动后不要突然停下来，可以让孩子慢走一段路，进行缓冲，让身体由剧烈状态逐渐进入一个舒缓的状态；做一些放松动作，如轻轻拍打或抖动腿部两侧的肌肉，减轻运动后的酸痛感；运动后要补充水分，但不宜集中暴饮，要少量多次地补水。

互动平台

测一测：幼儿体质测试项目及标准

《幼儿体质测试项目及标准》（可在网上搜索具体内容）是当前幼教界运用比较广泛的一套工具。家长可参照本标准中列举的六大项目对孩子进行测试。通过测试，全面了解孩子的体能发展状况，从而进行有针对性的运动。

他山之石

推荐一部电影：《破门》

推荐理由：这是一部根据真人真事改编的体育电影，以足球为主线，以 2008 年 5 月 12 日那场震惊世界的汶川地震为背景，以乡村体育教师喜哥和一群大山里喜爱足球的留守儿童为主角，讲述了一个关于运动、关于爱、关于人生的温暖人心的故事。

结语

于跳腾中寻找成长的密码，于规则里获得身心的舒适，一颦一笑中，孩子已然长大。他们面向未来开拓属于自己的疆土，他们协同合作构建着独一无二的童年。在运动冲突中发现自我，在清除障碍里锻炼大脑。让我们从现在开始，养成每天运动的习惯，用运动开启健康快乐的人生吧！

家长手记

第七讲

共读童书　充盈童年

——用阅读点亮孩子的心灵世界

《朗读手册》中有这样一段话："你或许拥有无限的财富，一箱箱的珠宝与一柜柜的黄金，但你永远不会比我富有——我有一位读书给我听的妈妈。"

◎育儿故事

“爱妈妈”的故事

张老师是一个酷爱读书的人，在女儿1岁多的时候，就开始每天给女儿讲童话故事。每当她手舞足蹈地跟女儿讲故事时，她的爱人总是觉得她在浪费时间。在她爱人看来，一个这么小的孩子，是不可能听懂大人在跟她讲什么的。但张老师却不这么认为，她对爱人说：“女儿听不懂，并不代表她不喜欢听。你看看，她一直用那明亮的大眼睛着迷地盯着我的嘴巴和我手上的书，只要我跟她讲故事，她从来都是不哭不闹的。”

后来，等女儿再大一点，张老师先是引导女儿看图片，然后指读，帮助女儿把字音与字形慢慢形成对应关系，使女儿顺利渡过识字关。女儿认识的字越多，阅读起来就越顺畅，也就更喜欢阅读了。

随着女儿一天天长大，张老师更加注重帮女儿创造一个适宜读书的环境，现在家里有女儿专属的书架和书桌，上面摆满了适合女儿读的书籍，有童话故事书、历史故事书、自然科学书、人物传记……女儿读完一本书后，张老师就会抓住机会跟女儿交流一下阅读体会，让她重复一些在书中看到的有趣语句、段落或情节，并询问她如果遇到书中的事情时会采取什么办法。这种做法不仅让女儿加深了对阅读过的书的印象，锻炼了女儿的表达能力，还帮助女儿树立了正确的价值观。因为亲子阅读，女儿跟张老师的关系越来越亲密了，她总是亲热地称呼张老师为“爱妈妈”。

给孩子最适宜的图书，就像你在他面前放了一个美味的蛋糕。因为孩子知道其中的美妙，他就会很乐意地去发现更多的奥秘。孩子从小得到的有益的关注和引导越多，将来的学习就越轻松，应对各种挑战的能力也就越强。因此，每一位父母都应重视亲子阅读，一方面培养孩子阅读的兴趣，一方面陪伴孩子成长。这样，你跟孩子之间的感情才会越来越深厚，你的孩子才能成为真正赢在起跑线上的人。

教子有方

一、什么是亲子阅读

“亲子阅读”，又称“亲子共读”，是以书为媒介，以阅读为纽带，让孩子和父母共同分享感悟的阅读过程。这是一种类似游戏的活动，在这个过程中，孩子会享受到阅读带来的乐趣。

亲子阅读强调亲子间的互动，提倡在轻松、愉快和亲密的气氛中，父母和孩子之间进行的不以提高学习成绩为目的的共同阅读。所以，亲子阅读绝不只是父母买书给孩子读那么简单。亲子阅读，要求父母也必须喜欢阅读，不仅需要父母为孩子买书，更需要父母在时间和情感上的投入。

我们所讲的亲子阅读的“阅读”，主要是指在教科书学习以外，所做的非功利的、纯粹的阅读。亲子阅读中，父母与孩子一起快乐地读图画书、读儿童文学精品、读历史书、读科普读物，等等，其阅读量和阅读题材远远多于教科书。这种阅读是一种生活方式，不会随着教育的结束而结束，因为它在读物选择和阅读形式上都更加自由，并且带给孩子的也不是强迫性的任务，而是快乐的享受。

二、为什么要进行亲子阅读

在美国、日本、英国、德国等发达国家，很多家庭都把亲子阅读看得很重要，城市社区里有很多“读书妈妈”。在我国，现代家庭也越来越重视阅读，活跃着一大批“故事妈妈”。为什么越来越多的家庭开始推崇亲子阅读呢?

■ 亲子阅读促进孩子全面发展

阅读是教育的核心，不但几乎每一门功课都是通过阅读来学习的，而且阅读也是人们了解外部世界和感悟人生的最有效率的途径之一。大量的亲子阅读的事实证明，从小阅读广泛的孩子，眼界开阔，性格开朗，思维敏锐，情感丰富，想象力丰富，表达能力强，从而为日后的学业和走入社会奠定良好的基础。

不管是多么聪明、精力多么充沛的孩子，都不太可能经历所有的知识学习和亲身体验所有的事情，但阅读给了他一条特别的捷径，让他可以在别人的故事中完成认识自我、认识他人、认识社会的历程。不仅如此，孩子在阅读的激励下还会自发产生出勃勃的求知欲和探索欲，这也有助于他将来掌握更多的知识。

因此，让孩子爱上阅读是父母送给孩子的珍贵礼物。为人父母，也许我们给不了孩子昂贵的玩具、富足的生活，但可以引领孩子爱上阅读，为他点亮智慧之灯，照亮他美丽的前程，使他一生受益。

■ 亲子阅读帮助孩子体验美好情感

一个孩子越早开始进入阅读环境，受到的启发就越多、越深刻，在书籍中收获的经验，将成为孩子成长中不可或缺的营养。父母在协助阅读的过程中扮演的角色，爱抚、温和的眼神，亲切、柔和的语言，也会让孩子更加信赖和热爱自己的亲人和家庭。任何人也替代不了父母给予孩子的这种爱，这种爱会让孩子在人生的最初期感受到阅读带来的幸福。孩子通过阅读体会到的积极因素越多，他所能感受到的爱也越多，思考也越多，成人之后的精神世界也将更为健康，冷静应对挫败和掌握自己命运的概率也就越大。他还会将这种愉快的人生体验带给自己的孩子，让爱代代相传。

三、亲子阅读什么时候开始

亲子阅读什么时候开始？这个问题学术界并没有定论。但关于亲子阅读的开始时间，有这样一条基本准则：亲子阅读，越早开始越好。

亲子阅读越早开始越好，早到孩子在妈妈肚子里的时候就可以开始了。孩子在妈妈肚子里时，就可以分辨父母的声音，并能对父母的声音做出反应。父母亲切地跟孩子说说话或给孩子念念儿歌，孩子在妈妈体内听着父母阅读的声音，会感受到父母对自己的爱，并获得对阅读的初步感知。这样，孩子出生后，便能通过亲子阅读延续在妈妈体内的熟悉感，更好地适应环境。

大多数父母很可能是在孩子两三岁以后才开始亲子阅读，如果是这种情况，你也无须追悔，因为有资料显示，芬兰儿童是世界上阅读能力最强的，但并不是开始阅读最早的。当然，一种好习惯的养成是越早越好，如果你错过了孩子幼儿时的亲子阅读，这意味着你可能要花更多的时间来培养孩子阅读的兴趣，会遇到更多的挑战。阅读更重要的在于持之以恒，只要我们开始了、坚持下去了，就不算晚。

四、亲子阅读的五大误区

由于认识的局限性，不懂得如何有效地在家庭中开展亲子阅读，很多父母容易走入亲子阅读的误区。

■ 误区一：亲子阅读就是教孩子识字

许多父母以孩子认识很多字为骄傲，把亲子阅读理解为儿童识字和早期的智力启蒙，急功近利地把儿童的阅读活动单纯地当作识字练习或儿童获取知识的活动，认为孩子的阅读就是读名著、背古诗等，把增加孩子的识字量作为亲子阅读的目的。其实，这种认识是片面的，它将亲子阅读与识字练习混为一谈，忽视了对孩子阅读兴趣的培养。孩子阅读是通过色彩、图像、成人的语言来理解，识字是在阅读中自然而然的事，并不能当作孩子阅读的最终目的。亲子阅读的过程除了可以培养孩子的语言能力，还可以培养孩子的观察能力、表达能力、思维能力。所以，亲子活动中必须重视孩子阅读兴趣的培养，不能把阅读变成识字的工具。

■ 误区二：强迫孩子进行亲子阅读

阅读能够帮助孩子扩展知识面，提高阅读能力。很多父母都意识到了这一点，于是开始采用“轰炸式”的方式给孩子买书，结果孩子根本不配合父母。父母为了让孩子获得更多的知识，强迫孩子多看书，这不仅不能培养孩子爱看书的好习惯,反而会让孩子对书本产生反感。孩子本身就好动，父母要想办法让孩子觉得阅读活动是好玩的，比如，绘本里有冰箱、沙发、电视，当看到沙发时问孩子“沙发在哪”，甚至可以让孩子过去指一下或者跑过去拍一下。书就是一种玩具，读书就是一种玩法。你给孩子的玩法越好，他就会越喜欢。

■ 误区三：阅读时不停地提问

阅读的时候，提问可以让孩子自己观察、思索，寻找答案，逐渐培养孩子独立思考的习惯；但是过多的提问不仅会干扰孩子的阅读，打断孩子的思维，牵制孩子的想象，还会造成孩子心理上的压力，让孩子厌烦，失去阅读兴趣。要想让孩子在阅读路上走得更远，必须培养孩子的阅读兴趣和自信，如果看一本书要回答那么多问题，孩子慢慢就会失去兴趣。和孩子一起阅读，不需要施加压力，因为这是一个增进亲子感情的互动机会。

■ 误区四：用音视频代替亲子阅读

现代社会工作节奏特别快，父母每天早出晚归，基本没有时间陪孩子一起读书。很多父母就想出了一些解决的办法，比如订个讲故事的手机报，或者直接从网上下载故事，随时随地可以讲、可以听，还可以一遍一遍地重复。还有些父母认为故事书配套音视频发音标准、形象生动，比自己讲述效果好。

虽然录音及影像资料播放有诸多优点，但对孩子来说，最有吸引力的还是父母的声音。孩子的抽象思维还不发达，妈妈讲故事时，增强表述的直观性是很重要的手段。因为妈妈生动的语言、丰富的肢体动作和表情、对某些抽象动作的模仿，可以帮助孩子更好地理解故事内容，产生亲切感，妈妈讲故事时的温馨氛围绝对是冰冷的电子产品难以取代的。

■ 误区五：根据成人的意愿选择书籍

许多父母希望孩子多看所谓的“有知识”的书，于是我们便会看到孩子在书旁苦闷的小脸。很多父母在为孩子准备阅读材料时，只凭自己的喜好和判断，较少考虑孩子的需求和意愿，而更多的是从智力开发的需要考虑，选择范围较窄。让孩子阅读，并非是要培养一个“知识大王”，而是要提升孩子语言表达的兴趣、能力，训练孩子发散性的思维。

书籍选择建议：3 ~ 6 岁是培养孩子阅读习惯的关键时期。3 岁以后的孩子可选择多种类别的绘本。这个时期，孩子的思维以具体形象为主要特征，所以，绘本应以图为主，色彩丰富艳丽，内容简单具体，故事生动有趣，以帮助孩子的阅读活动逐步从图画向文字过渡。

五、掌握多样的亲子阅读技巧

对孩子来说，阅读不是一件简单的事情。父母可以掌握多样的亲子阅读技巧，让孩子在阅读的世界里建立信心，提升阅读能力。

■ 技巧 1：运用积极有效的亲子阅读方法

①朗读法：通过父母声情并茂的朗读，孩子可以从父母的声音中获得对书本内容的理解。父母在朗读的时候要注意音调、语调和节奏，不同的人物角色要用不同的声音呈现，以营造一种逼真的故事情境，把孩子带入故事中。朗读可以采用多种方法，如轮流朗读、分角色朗读。

②讲解法：这种方法以父母讲解为主，由孩子的问题引发。在亲子阅读的过程中，父母通过讲述自己看到的或是对书的理解，把书中的信息传达给孩子。这种讲解法包括描述性讲解和议论性讲解：前者指父母通过描述书的内容，帮助孩子感知故事情境；后者是父母发表自己读书的一些感想，和孩子分享自己的阅读经验。

③提问法：父母在合适的时机提出适量的问题，激发孩子的兴趣，吸引孩子的注意力，帮助孩子积极思考，加深孩子对图书内容的理解。

■ 技巧 2：进行充分的情感互动

亲子阅读过程中，父母可以始终和孩子保持适当的身体接触。父母可以和孩子亲密地并肩坐着，对于年龄小的孩子可以将其抱在自己怀里，一起阅读同一本书。父母始终关注孩子的表情、动作，从细小的行为中觉察孩子的情绪，并给予积极的、正向的反馈。父母和孩子还可以针对书中某一情节或某一句话展开讨论，互相分享各自的感受，父母要认同孩子的感受，在孩子的水平上接受他们；同时，父母作为年长的共同阅读者，应该在孩子已有的水平上提出自己的见解，帮助孩子积累阅读经验。亲子阅读过程中，父母和孩子要始终保持这种积极的情感互动。

■ 技巧 3：充分发挥父亲在亲子阅读中的作用

在亲子阅读实践中，由于各种原因，母亲的参与度要远远高于父亲，换句话说，父亲在亲子阅读中还有巨大的潜力可挖掘。父亲要积极主动地开展亲子阅读，和孩子展开积极的互动，促进孩子阅读兴趣的提高。

■ 技巧 4：将阅读经验融入生活

将孩子的阅读经验融入生活，让书中的内容与现实所见相互印证。例如，如果你和孩子在读一本关于公园的书，可以带着孩子到公园进行一次实地考察，把你知道的或整理的关于公园的知识告诉孩子；或者看过关于恐龙的书，也可以带孩子到博物馆看看恐龙化石。

◎ 互动平台

说一说：作为家长，请思考一下，在你小时候读过的书籍里，哪本书对你的影响最大？为什么？请将你的思考讲给孩子听，并邀请孩子一起读读这本书，相互分享你们的感悟。

他山之石

推荐一本书：《点亮人生：3 ~ 6 岁儿童早期阅读与教育》

周兢主编，海天出版社 2017 年出版 。

推荐理由：该书既详细论述了 3 ~ 6 岁儿童阅读的意义、概念、内涵、发展特点、特质，又清晰地介绍了适合 3 ~ 6 岁儿童阅读的图书的种类，并具体地提供了亲子共读的方法与多种阅读指导策略。

结语

我们的孩子，每一个都是带着巨大的潜能降临于世的。如果孩子自幼就接触很多书籍，未来的阅读和思考就不在话下。因此，我们需要做好孩子的引路人，带领孩子进入书的海洋，陪伴孩子在书海中畅游。我们的每一分努力，都是在给孩子的生命起点增添阳光和雨露，为孩子未来的成长提供一片沃土。

第八讲

生活教育　教育生活

——引导孩子分辨是非　走进社会

学习如何与人和谐相处，形成良好的社会适应能力，关系着每个孩子的人格发展及适应未来的能力。父母应该从小引导孩子分辨是非、走进社会，引导孩子积极探索未知生活，学会共同生活，体验美好生活。父母要引导孩子在生活教育中学会学习、学会做事、学会做人，最终成为一个智慧、友爱、幸福的人。

◎ 育儿故事

妈妈，我明天不想上幼儿园了！

“妈妈,我明天不想上幼儿园了！”小虎从幼儿园回家后就告诉妈妈:“小朋友们都不理我，我明天再也不去上幼儿园了。”接连几天，小虎也都不愿意去幼儿园，妈妈发现事情不太对，马上打电话与老师联系。经沟通后妈妈才知道，因为小虎在家非常受父母宠爱，养成了霸道、任性的个性。在幼儿园，小虎特别霸道，不愿与其他小伙伴好好相处。当他跟小伙伴们说:“我家有好吃的葡萄。”丁丁说:“带点给我尝尝吧！”小虎回答说:“我家的葡萄太酸了。”小虎觉得奶黄包有点烫，豆豆说:“你吹吹啊！”小虎答:“我嘴巴没气，你来吹。”小虎还一脚把别人搭的积木房子踢翻了，问他为什么干这种事，小虎答:“我是拆迁队的！”……小虎的种种表现导致其他孩子渐渐地都不喜欢和他一起玩了。小虎因为在班里没有朋友，所以才不喜欢上幼儿园。

有些父母由于没有树立正确的亲子观、教子观，对孩子过于溺爱，对孩子的缺点和错误过分迁就，最后的结果是使孩子养成了只知道自己、只关心自己、骄傲、任性等不良习惯。这些不良的习惯对孩子将来走上社会后发展人与人之间平等互助、相互尊重的良好人际关系有很大的妨碍。

教育不仅要求孩子掌握一定的科学文化知识，而且要有目的、有意识地培养孩子良好的人际交往能力和社会适应能力，以便他们长大后能更好地步入社会，更快地适应社会。

教子有方

人际交往和社会适应是幼儿期孩子学习的主要内容，也是其社会性发展的基本途径。孩子的社会性主要是在日常生活和游戏中通过观察和模仿潜移默化地发展起来的。所以，家庭、幼儿园和社会应共同努力，为孩子创设温暖、关爱、平等的家庭和集体生活氛围，建立良好的亲子关系、师生关系和同伴关系，让孩子在积极健康的人际关系中获得安全感和信任感，在良好的社会环境及文化熏陶中学会遵守规则，形成基本的认同感和归属感。

一、培养孩子的人际交往能力

与孩子人际交往相关的心理学知识

人际交往包括愿意与人交往，能与同伴友好相处，具有自尊、自信、自主的表现，能够关心和尊重他人。现在有些孩子从小就是被关爱、被满足、被包办的对象，因而没有分享、合作、独立的意识。3岁前的教养场所主要是家庭，父母或其他长辈成了孩子主要的教育者和同伴，孩子是家庭的中心人物，加上孩子和小伙伴的来往较少，使孩子缺乏与同龄人交往的技巧和能力。爸爸妈妈要意识到这是孩子在这个年龄段的正常表现，不要恐慌，也不要发怒，要引导孩子学会分享与合作。

3～6岁孩子的思维是处于“我向思维”与“社会化思维”之间的“自我中心化思维”。其主要特点有：

第一，思维直观形象性。他们在感知事物时往往只看到几个有限的表面特点或现象，只凭感性或直觉进行认识活动。从2岁开始，孩子“自我中心化思维”开始发展。对这个阶段的孩子来说，他们多依据自己的经验来考虑和解决问题。其一表现在孩子的象征性游戏上，他们完全按照自己的想象来改造现实，以满足自己的需要，例如孩子拿起圆环就当作汽车方向盘。其二是孩子的“自我中心化”的交流方式，两个孩子看似在有兴趣地交谈一个现象，但有趣的是，讲话的一方并不关心如何让别人听自己讲话，听的一方也没有强烈的意愿想弄懂别人在说什么，他们看似在交流，实际上却是自己对自己讲话。其三是孩子的“现实主义”，即依靠自己的感觉来审视万物。

第二，思维缺乏可逆性。幼儿期的孩子还不能动态地考虑问题，既不能在思维过程中保持一种连续的层层推进，也不能从事物发展的现状来回推过去，也就是说思维缺乏连续转换能力，不具备逆向思维能力，因此就很难像成人一样获得物质守恒的概念，往往会把一样多的硬币看成一多一少。

第三，认识过程绝对性。这个时期的孩子对外在世界的认识缺乏相对性，总是绝对相信自己的感知、看法和观点。如，他能指出自己的左右耳，却不能指出别人的左右耳。这种相对性的缺乏还表现为不能从别人的角度去考虑问题，不会在道德和游戏规则方面对父母和老师绝对服从和单方面尊重。

第四，想象易与外在现实混同。这个时期的孩子经常把自己的想象同客观现实相混淆，并以为它就是外在现实。由于他们常不能把想象与现实分开，不自觉地使自己的认识无限扩张，从而常常无意识地说一些谎话或者是胡言乱语。这其实是幼儿思维特点的自然表现，切不可批评、讽刺或打击。

有一所幼儿园在新入园的129名孩子中做了一次分享测试。拿到玩具就自己玩，不愿给别人玩的孩子有74名；见到喜爱的玩具就要，若不给就哭或告状的孩子有41名；出现争抢玩具行为的孩子有52名；想玩但没达到目的就伤害别人（踢人或抓人）的孩子有12名。从这个测试结果可以看出，幼儿（尤其是独生子女）“以自我为中心”的意识非常突出，他们努力保留自己的东西，同时又想拥有属于别人但自己喜欢的东西，独占玩具的现象十分普遍，不会与同伴相处，不善于与同伴分享。

■ 培养孩子人际交往的方法

幼儿是没有分享和合作的概念的，他们只凭自己的喜好做事，所以要求他们去分享和合作并不是一件容易的事情。分享与合作作为孩子社会化的重要内容，父母该如何来培养呢？

第一，在现实生活中潜移默化地引导。孩子的分享和合作行为不是自发生成的，父母必须在日常生活中进行引导。如吃水果时，父母可以有意识地引导孩子将水果分发给自己，告诉孩子好吃的要和大家分享，还可以尝试着让孩子把好的、大的水果先给别人吃，而父母在欣然接受孩子的东西时，别忘了说“谢谢”，让孩子感受到真实的分享和合作，同时也在无形中让孩子学会礼貌待人。

第二，扩大孩子的交往范围。孩子若与同龄伙伴交往的范围有限，就很难学会与人分享和合作，也体验不到分享和合作带来的快乐。因此，父母应该给孩子创造更多的机会，让孩子与其他小朋友一起玩，可以让孩子邀请小伙伴到家里，让孩子在与同伴的交往中，变得大方得体，学会与人交往的技巧，养成关爱他人、谦让友好的行为习惯。

第三，让孩子逐步学会感恩。父母不要一切以孩子为中心，无限制、无条件地满足孩子的任何需求，给予其特殊的地位。相反，父母应该适当地让孩子明白，他所得的不是理所当然的，而是因为大家爱他才给予他的。在日常生活中，父母要让孩子学会感恩和感谢，学会把自己喜欢的东西拿出来跟家人、小伙伴分享；在游戏活动中体验与同伴合作的快乐。

第四，要让分享和合作成为孩子自觉自愿的行为。孩子具有很强的观察、模仿能力，当看到他人的分享行为时，便会去模仿、去学习。所以，在生活中，父母应以身作则，积极发挥示范作用。父母平时应注意自己的言行，给孩子积极正面的影响。如吃饭时，父母可以有意识地将食物给全家分享；当自己有了快乐的体验时，第一时间说给家人听。在这种氛围的影响下，孩子也会尝试去关心别人，为他人着想。

另外，父母要努力做到用快乐的情绪真实地和孩子分享，对孩子每次小小的进步都要给予及时的肯定和表扬，从而在一定程度上强化孩子的分享和合作意识，让孩子慢慢习惯并乐于分享和合作。父母可以通过开展亲子游戏，在游戏中培养孩子分享和合作的能力。

二、培养孩子的社会适应能力

■ 什么是社会适应能力

社会适应包括喜欢并适应群体生活，遵守基本的行为规范，具有初步的归属感。社会适应能力包含学习适应能力、工作适应能力、生活适应能力和社会交往适应能力。拥有良好社会适应能力的人有下列优势：敢冒险、有自信、积极主动、能自我控制、解决问题能力良好、情绪稳定、态度乐观、人际关系良好、愿意承担责任等。良好的社会适应能力有利于孩子良好个性的形成，有利于孩子的心理健康，更有利于应对生活中的困难和挫折。

■ 培养孩子社会适应能力的方法

第一，创设良好的家庭教育环境，形成“家社会”。家庭关系和谐能为孩子身心的健康发展营造宽松的氛围，也能为孩子的社会性发展提供温暖和谐的家庭环境。父母平时要多抚摸孩子、拥抱孩子，多重视和肯定孩子，让孩子既能得到来自父母的充分的身体爱抚，又能感受到来自父母的对自己真实的爱，从而拥有更多从家庭走向社会的勇气和安全感。

第二，尽可能地为孩子提供和同龄人交往的机会。只有一个孩子的家庭，父母可以邀请有年龄相仿小孩的亲戚或朋友来家里做客，在比较亲近的人际圈子里，孩子会比较放松，愿意适应新环境和与家庭以外的成员交往。然后再一点点地扩大至比较陌生的交往圈，让孩子去结交新朋友。

第三，积极培养孩子的利他行为。利他行为是一个社会心理学概念，泛指不期望他人任何回报或获得良好印象的一种自觉无私、有助于他人和社会的亲社会行为。要做到这一点，父母首先要在孩子面前以身作则；其次要随时注意孩子的动态，当其表现出有利他意识或行为时，应及时给予必要的正向强化，或语言鼓励，或适当的物质奖励等。

第四，正确处理孩子交往中的问题。孩子在交往中产生矛盾、摩擦，甚至闹出纠纷都是正常的，他们就是在不断地解决矛盾、摩擦、纠纷的过程中，不断探索并形成自身社会交往能力的。最好的方法是父母从中调停，让孩子自己独立解决其遭遇到的人际矛盾。当孩子无法独立解决时，父母可以给孩子树立良好的行为榜样，让孩子敢于正视自己的错误，知错就改，并且主动向另一方道歉。

第五，鼓励孩子学会独立。从孩子呱呱坠地的那天起，他就成为一个独立完整的人，随着年龄的增长，有许多事情需要他们去尝试。优秀的孩子往往都有一个共同特征，即有较强的独立自主能力。父母应该有意识地培养孩子的独立性，帮助孩子迈好人生的第一步。那么，如何培养孩子的独立性呢？

①家长不要过早、过多地干预甚至直接代劳孩子自己应该做的事。如，有些父母一边担心孩子不会用勺子吃饭，一边为了避免餐后收拾孩子进食时的狼藉场面的麻烦，最终选择喂饭。我们一定要知道，孩子早晚要独立面对社会生活中的诸多挑战，千万不要因心疼孩子受苦受累，就剥夺了孩子锻炼自立能力的机会。

②让孩子自己做选择。“今天穿灰裤子还是红裤子？”在处理孩子自我生活管理的问题上，父母基本上可以放手，让孩子学会自主选择。只有父母的期望值与孩子的能力相匹配时，才能调动孩子的自理积极性，促进孩子生活自理能力的提高。当然，一些比较难的事情，如系鞋带等，父母要教孩子一些基本的技巧，鼓励孩子多练习。当孩子成功系好鞋带之后，父母要对孩子所做的努力进行鼓励、肯定。

③放手让孩子尝试。父母也许都有这样的经历：越是不冷静，越是督促、批评，越是替孩子着急，事态往往越不会随着自己焦急的心情而顺利发展。此时，父母不妨保持冷静，让孩子自己承担责任，让孩子明白这本就应该是他自己的事情。家长应放手让孩子去做，允许孩子犯错，允许一些自然结果的出现。

④鼓励孩子自己解决问题。在行为上依赖别人是可怕的，在思想上依赖别人更是可怕的。父母要培养孩子的思考能力，鼓励孩子善用外部资源，学着自己去思考，让思维活跃起来。因此，父母要给孩子一个空间，让他自己往前走；给孩子一个条件，让他自己去锻炼；给孩子一个问题，让他自己找答案；给孩子一点困难，让他自己去解决；给孩子一点权利，让他自己去选择。

互动平台

孩子的社会性主要是在日常生活和游戏中通过观察和模仿潜移默化地发展起来的。父母应注重以身示范，避免简单生硬的说教。

想一想：在生活中，我们应该从哪些方面培养孩子良好的社会交往能力？

他山之石

推荐一本书：《做最受欢迎的自己》

歪歪兔关键期早教项目组编绘，海豚出版社 2013 年出版。

推荐理由：该套绘本以“培养孩子的社交情商，帮助孩子更好地融入社会，做受欢迎的自己”为主题，系统地梳理了孩子在幼儿园阶段必须具备的十种基本社会交往品格与能力。让孩子在快乐的亲子阅读中，潜移默化地学会合群与担当、体谅与礼貌、分享与关爱、助人与感恩、虚心与诚信……养成良好个性，提升交往能力。

结语

幼儿期是人的个性初具雏形的时期。这一时期孩子对人、对事、对己的态度，逐渐发展出的个性品质和行为风格，不仅影响其身心健康以及知识、能力和智慧的形成，更可能影响其一生的学习、工作和生活。因此，父母应通过各种场景对孩子施加影响，使他们懂得是非对错，以期将他们培养成社会需要的人。

家长手记

第九讲

动手探究　科学启蒙

——让孩子走进科学世界

现实中，许多父母对家庭科学教育缺乏认识，产生了许多错误的想法和做法。如，认为孩子太小，没有必要学科学；或者认为学科学只是幼儿园的事；更有甚者，一些父母因怕回答孩子的问题而厌烦或禁止孩子提问；怕出危险，不让孩子动手操作；以没有时间为由，很少甚至不和孩子一起探究、玩耍等。本讲我们就来说说为什么要在家庭中进行早期科学教育和怎样进行家庭早期科学启蒙。

育儿故事

爱搞“破坏”的浩浩

浩浩特别爱“破坏”东西，不管是在家里还是在外面，简直就是个“破坏大王”！妈妈为此十分头疼。前几天浩浩过生日，妈妈给他买了辆玩具遥控小汽车。浩浩拿到玩具小汽车之后特别好奇，为什么一按遥控器小汽车就会跟着走呢？按捺不住好奇心的浩浩趁着妈妈不注意，把小汽车“肢解”了，零件被拆得七零八落。可他还是没有弄明白为什么遥控器可以让小汽车转弯、直走。更困扰浩浩的是，小汽车的零件比较复杂，虽然拆得开，可是怎么都装不回去了。妈妈知道浩浩把新买的小汽车拆掉之后，非常生气：“你什么都要拆，怎么这么调皮，以后再也不给你买玩具了！”浩浩听到之后，流下了委屈的眼泪……

把自己感兴趣的东西拆开，其实是孩子进行科学探索的一种表现。他们并没有故意去破坏东西，而是想了解究竟是怎么回事。浩浩把小汽车拆开，想看看车里到底安装了什么，为什么遥控器可以让它按指令行驶。浩浩只是沉浸在自己喜欢的事物里，努力通过自己的双手去寻找答案，这其实是值得鼓励的一种行为，这是他在强烈好奇心驱使下产生的爱科学、学科学的表现。作为父母，不但要理解更要顺应孩子的这一特点和需求，在家庭中开展早期科学启蒙教育。

教子有方

一、家庭科学启蒙教育的重要性和特殊性

家庭科学启蒙教育的重要性

第一，社会发展需要家庭科学启蒙教育。陶行知先生说：“科学要从小教起。我们要造就一个科学的民族，必须在民族的‘嫩芽’——儿童身上下功夫培植。”因此，在科学技术迅猛发展的今天，必须普及科学教育，而科学教育从小抓起，这已是社会发展的必然要求。

第二，学科学是孩子自身的发展需求。世界在孩子眼里是一张“白纸”，他们什么都想知道，什么都想探究。在强烈好奇心的驱使下，他们不知疲倦地观察、提问、尝试和探索。下雨后，地上积了个小水坑，踩下去会怎样？在家长“别把鞋弄湿”的劝阻声中，孩子却一次一次地用力踏下去……类似的事情家长一定遇到过很多，这说明了什么？说明孩子天生就对科学感兴趣，说明孩子从小就在以他们特有的、不同于成人的方式接触科学、探索世界。学科学是孩子自身发展的需求，对他们来说，学科学就像说话、做游戏一样，是生活中不可缺少的一部分。科学启蒙教育正顺应了孩子的这一需求，为其探索未来世界提供了广阔的空间。

第三，家庭肩负着科学启蒙教育的重任。家庭是孩子最早接触的科学教育环境，父母是孩子的第一任科学启蒙老师。陶行知先生告诫我们：“我希望中国的父亲都学富兰克林的父亲，中国的母亲都学爱迪生的母亲，家长千万不要把你家的‘爱迪生’逼跑了……”孩子从一出生起，就在家庭中与周围世界发生着密切联系，他们通过父母认识第一个物体，说出第一个物体的名称，知道了他们想探究的第一个问题，通过父母开始了科学探索的第一步，因此，家庭责无旁贷地肩负着科学启蒙的重任。即使孩子进入幼儿园接受集

体教育后，家庭仍是孩子学科学的重要场所，家长仍承担着不容忽视的重任。

■ 家庭科学启蒙教育的特殊性

家庭科学教育作为幼儿早期科学教育的一部分，有着明显的三大优势。

第一，家中学科学更有生活气息。如果说幼儿园的科学教育有一定计划性，相对正规的话，那么家庭科学教育则是寓科学教育于日常生活之中，带有浓厚的生活气息。如，和孩子一起买菜、洗菜、做菜，了解不同蔬菜的特点和烹饪方法；晚上陪孩子观察星星、月亮的变化，听鸟语、蝉鸣……这些既是孩子家庭生活的内容，又是科学教育的内容，两者自然而然地结合在一起，生动有趣，丰富多彩。

第二，家中学科学更随机、更灵活。由于家庭科学教育是“生活中的教育”，家长作为老师，可不受时间、地点和条件的限制，遇物而诲，随机而教。如，逛超市时让孩子认识各种物品；游公园时让孩子观察自然景观；今天买了鱼就观察鱼，明天买了鸭就观察鸭，等等。

第三，家中更方便开展个性化的科学教育。孩子在家庭中学习科学，一般是由孩子最亲近的人如父母或祖父母来主导的。家长可根据孩子的需要和兴趣选择内容，按照孩子的经验和能力来安排学习方法，更可以在学习中做到随机应变。家长的耐心细致、亲自参与，使科学活动更具感染力、亲和力和游戏性，从而可以使孩子达到良好的学习效果。这是家庭科学教育最突出的特点，也是最大的优势。

二、如何进行家庭科学启蒙教育

■ 引导孩子学会细致观察

有人说观察是智力的“眼睛”，是科学学习的基础。只有善于观察，才能发现问题，进而探求结果。引导孩子学会观察，在科学学习中至关重要。那么，怎样引导呢？

第一，多鼓励，培养兴趣最关键。其实孩子是喜欢观察的，特别是对于色彩鲜艳、能发出响声和会动的物体，他们更会格外关注。但孩子的这种观察兴趣往往不能持久，若没有成人的正确引导，或成人对其好奇、好问的行为表现得漠然甚至厌烦，他们的观察兴趣就会减弱或消失。因此，培养孩子的观察兴趣，家长首先要以自己喜爱观察的兴致和行为影响和感染孩子；其次要及时肯定和鼓励孩子已有的观察行为，以保护孩子的观察兴趣。对不太爱观察的孩子，家长要经常有意识地启发和诱导他做一些观察，慢慢培养他的观察兴趣。

第二，善引导，养成观察好习惯。生活中，家长要注意引导孩子有目的地观察，以养成良好的观察习惯。家长可经常在观察前以问题或建议的形式提出观察的要求。如："今天，你最想看什么动物？最想知道什么问题呢？"观察后，最好问问孩子："你发现了什么？""找到答案了吗？"使孩子的观察有始有终，并保证每次观察都能有所发现、有所收获。

第三，教方法，观察成效看得见。教给孩子基本的观察方法也是十分重要的。这种基本的观察方法就是引导孩子有顺序地看、全面地看、多角度地看、对比地看以及运用多种感官去观察。比如，观察小白兔的外形，家长最好引导孩子按照一定的顺序，从头到尾或从尾到头，全面细致地观察小白兔各个部位的特征，并通过比较，知道它的耳朵、眼睛、皮毛、四肢与其他小动物的不同。家长最好和孩子边观察边交谈，这样既可以有针对性地指导孩子，又可以提高孩子的口语表达能力。最后，建议家长引导孩子用画、贴、做以及孩子口述家长笔录等形式，把观察到的内容记录下来，以加深孩子的印象，增强孩子的成就感。

■ 保护孩子的好奇心

好奇好问是幼儿时期孩子学科学的突出特点。尤其是3岁以后的孩子，总会抓住大人问个没完没了。他们问问题漫无边际，喜欢刨根问底，而且问的问题往往都与自然环境、科学现象有关，如草为什么是绿的，人为什么不会飞，蜗牛的嘴在哪里…… 孩子爱提问题，是他们强烈求知欲的表现，是孩子探求未知、开启智慧、认识周围世界的内部动力。爱因斯坦说："我没有什么特殊的才能，不过喜欢寻根问底地追究问题罢了。"如果想让孩子更聪明，就请保护孩子的好奇心，鼓励孩子提问。

怎样保护孩子的好奇心？

第一，赞赏鼓励。无论你多忙，无论你是否知道答案，都应正视孩子的好奇好问，要用高兴、惊喜的目光注视着问问题的孩子，表现出对孩子提问的重视，并由衷地赞赏和鼓励，如"你问的问题很了不起"。

第二，及时回应。对一些较简单的问题，如树叶什么时候落下来，为什么会下雨等，应及时回应并直接给予回答，答案应浅显易懂，让孩子一听就明白。及时回答孩子的问题，会使孩子在获得间接经验的同时进一步促发提问的热情。

第三，有问缓答。对可以引导孩子探索的问题，父母应引导和鼓励其通过自己的探索获取信息和寻找答案。如，当孩子问"蜗牛有嘴吗"，父母最好不要直接告诉孩子答案，而可以提出一个导向性的问题——"咱们用什么办法能知道蜗牛有没有嘴呢"，逐步引导孩子自己去思考、去探寻答案。

第四，巧妙引导。父母尤其要注意不能不懂装懂，以免教给孩子错误的概念。若你也不知道答案，可以巧妙引导："咱们一起找一找，看看书上是怎样说的。"若需要给孩子讲解答案，一定要用他能听懂的话进行解释。

总之，孩子的好奇心是强烈的，也是脆弱的，又是可以被激发的。父母正确的引导会使孩子不断以积极、主动的态度和行为投入探索活动中，并从中获得快乐、成功和满足。

■ 多带孩子接触大自然

大自然是最好的老师，大自然中有孩子们喜欢的沙石水土、花鸟鱼虫……孩子们就是从接触大自然具体形象的事物开始认识世界的，五彩缤纷的大自然为他们探索未知世界提供了源泉。父母应多带孩子走出去，投身大自然的怀抱。比如，每周留出一天时间带孩子到户外嬉戏和玩耍，放风筝、捡树叶、听风声……让孩子充分运用多种感官，感受大自然的各种刺激和美好；比如，和孩子一起种一些豆芽、大蒜，让孩子学习自己照顾并记录豆芽、大蒜的生长情况，让他们体会生命的神奇和生命成长的过程；再比如，在季节转换的时候，引导孩子观察气候的变化，尤其注意观察人们和动植物的生活有什么变化，让孩子在家里说一说、演一演、画一画。

■ 支持孩子动手操作

首先，父母可以用表情或话语对孩子的动手操作行为表示关注并赞赏他的做法。

其次，积极为孩子提供必要的物质条件，如操作的材料、场地等。当然，这里所说的操作材料不是指精密的科学仪器和工具，而是孩子身边随手可得的自然材料、废旧材料，如小瓶子、放大镜、空纸盒等。家长可以有意识地提出问题并加以引导，如“小汽车在不同的斜面上跑速度一样吗？我们一起试试看”，使孩子对操作材料产生兴趣，从而引发其动手操作的欲望。当孩子操作时，可以用“你发现了什么”“你真棒”等话语激发他们再一次探索的兴趣，使他们始终保持对事物好奇和探究的欲望。

另外，父母要善待孩子每一个与众不同的想法和做法。对于那些“离谱”和“破坏性”的行为，父母要从儿童的角度去理解孩子的真实意图，应意识到这些独特的想法和行为，有的是发自他们善良的愿望，有的是出自他们大胆的想象，这都是孩子勇于探索和实践的表现。父母的理解、尊重和支持会为孩子的探索活动营造一个安全、宽松的环境。

最后，建议父母经常和孩子一起动手，和孩子一起做做有趣的科学小实验和好玩的科学小制作。

父母应注意选择简单、易操作、带有游戏性的科学小实验，如“好玩的影子”“会变的颜色”等。它们既是小实验，又是趣味盎然的游戏活动，科学的严谨性与游戏的趣味性结合得“天衣无缝”。实验过程中要注意引导孩子掌握实验的方法，实验后要引导孩子依据事实得出结论。

科学小制作是利用各种自然材料或废旧材料制作一些简单的玩具或饰品，如风车、土电话、变色镜、标本等。科学小制作要综合运用各种知识和技能，一般适合 5 ~ 6 岁的孩子。父母引导时要注意：一要利旧利废，变废为宝；二要鼓励孩子自己动手完成制作，父母可以提出参考意见和给予适当的帮助；三是对孩子做好的小制作，应让孩子尽情地玩耍或摆放在醒目的地方，以增强其成就感和自豪感。

■ 配合幼儿园做好科学启蒙教育工作

家庭和幼儿园是紧密联系、互为补充的。父母除了精心指导孩子开展丰富的家庭科学活动以外，还应积极配合幼儿园做好一些工作。比如，启发孩子描述在幼儿园的所见所闻，一般情况下，孩子是非常愿意将在幼儿园见到的、学到的事情说给父母听或表演给父母看的，以显示自己的本领，父母应耐心倾听，认真观看，不断鼓励。又比如，经常与老师交流孩子在家学科学的情况，帮助老师结合家庭科学学习的情况，准确把握孩子的兴趣和需求，及时调整幼儿园科学学习的内容和计划。再比如，配合孩子完成老师布置的科学学习任务。有时老师会因时间、场地等的限制，给孩子布置一些回家完成的科学学习任务，父母应积极支持并帮助孩子认真完成。

互动平台

现在有很多科学小实验和科学小制作利用身边的材料便可开展，搜集一些便于操作且生动有趣的小实验或小制作，和孩子一起互动起来吧！

他山之石

推荐一档电视节目：《正大综艺·脑洞大开》

推荐理由：该节目是中央电视台制作、播出的一档科学益智游戏类节目，于 2016 年 11 月 6 日播出，主要是用有趣的游戏来解答各种令人脑洞大开的科学问题。“不做不知道，科学真奇妙”的节目口号也让“动手能力”成了这个节目的一大看点。

结语

学科学不但是孩子的天性和认识周围世界的需要，也是激发他们从小热爱自然、喜欢探究、喜爱科学最直接、最有效的方法之一，关乎孩子一生的学习和成长。不想让孩子输在起跑线上的父母们，请带着孩子迈开腿，动起手，大胆进行科学探究吧！

家长手记

第十讲

艺术熏陶　丰富情感

——启迪孩子在艺术活动中想象创造

一个研究院曾经做过一个有 5 万多名本科毕业生参与的问卷调查，其中有一个问题："什么知识最有用？"回答的结果颇耐人寻味。毕业 1 ~ 5 年的答案是"基本技能"，毕业 6 ~ 10 年的回答是"基本原理"，毕业 11 ~ 15 年的结论是"人际关系"，而毕业 16 年以上的则提出"艺术最有用"。这一调查与其说是人们对自我成长经验的总结，不如说是这个时代对艺术教育越来越急促迫切的呼声。

◎ 育儿故事

"小神鹰"的粤剧风采

"小神鹰"(1939 年生),原名梁锦麟,著名粤剧演员,从小受到父亲(知名粤剧小武靓少开)的艺术熏陶,5 岁时随父亲从新加坡到广州,回到广州后也随戏班演出。等到 7 岁,父亲开始正式教他学戏。9 岁便登台演戏,演过《华光救母》《癫婆寻仔》等剧目,被观众誉为"九岁神童"。

当年父亲为他取"小神鹰"的艺名,是为了突出他小小年纪就登台演出的优势,没想到唱了半个多世纪粤剧的他,还是被人们称作"小神鹰",而且风采依旧。

可能是受父亲的影响,"小神鹰"从小喜爱粤剧,喜爱艺人的生活,对舞台有着天生的好感。做粤剧"神童"并不是一件容易的事,"小神鹰"回忆起童年的生活,似乎相当平淡,学艺的时候父亲管教甚严,练功,记台词,不能游泳,不能骑自行车,不能和其他的孩子打闹,而到了戏班演出之后,规矩就更多了。不过,这种严要求、守规矩、认真踏实地对待粤剧的态度一直影响着"小神鹰",使他具有积极向上的生活态度。

从某种程度上说,这种生活态度也是粤剧带来的,再往深层说,是自小在粤剧的熏陶中慢慢养育起来的。

音乐迷爱因斯坦

科学大师爱因斯坦自小就迷恋音乐。据《爱因斯坦传》介绍,爱因斯坦6岁练习拉小提琴，唯一的消遣就是音乐，他吮吸着人类文化最甘甜的乳汁，营造了一个安宁的精神家园。不管走到哪里，爱因斯坦总是提琴不离身。在创建广义相对论的日子里，一遇困难，思索陷入困顿时，他就不由自主地拉起提琴。“音乐往往催化出爱因斯坦的科学创见和思维火花。在音乐的自由流淌中，深奥的理论物理学有了美妙的旋律。”

艺术带给人们的积极影响往往超出我们的预想。如今，随着经济的飞速发展，社会物质财富的迅速积累，人们开始进一步关注精神生活，注重对艺术的追求，家庭艺术教育越来越受到人们的重视。父母作为孩子的第一任老师，在家庭艺术教育中扮演着关键的角色。家庭作为孩子艺术教育启蒙的场所，对孩子的影响更为深远和持久。因此，父母需明确家庭艺术教育的意义和定位，树立正确的家庭艺术教育观。

教子有方

一、家庭艺术教育的内容和形式

■ 什么是家庭艺术教育

家庭艺术教育是指父母对3至六七岁的孩子进行的以音乐、美术等为艺术方式和内容的审美教育，即父母根据孩子发展的特点，有目的、有计划地对孩子进行音乐、美术等艺术熏陶，提高其审美能力，促进其社会性发展和人格完善的一种教育活动。家庭艺术教育是家庭美育的重要组成部分，又是艺术教育的启蒙阶段。幼儿期是人的艺术才能开始表现的时期，这一时期对孩子进行艺术教育有着事半功倍的效果。

■ 家庭艺术教育的内容

早期家庭艺术教育属于艺术启蒙教育，所涉及的艺术教育内容具有粗浅性、启蒙性的特点，根据其途径可以分为视觉和听觉两大类，即美术教育和音乐教育。美术教育的内容主要有绘画、手工和美术欣赏，音乐教育主要包括歌唱活动、韵律活动、节奏活动和音乐欣赏。

二、家庭艺术教育的特点

■ 早期性

家庭是孩子第一个受教育的场所。早期教育抓好了，孩子受益终生，如胎教作为早期艺术教育的一种形式，就已被越来越多的人接受。相关证据显示，母亲怀孕期间，经常给胎儿播放优美动听的音乐，孩子出生后其音乐和舞蹈才能明显比没有接受胎教音乐的孩子要高。尤其是6岁以前，父母让孩子较早地接受艺术教育的熏陶，将有利于发现和挖掘孩子的艺术天赋，培养孩子的艺术才能。

■ 感染性

幼儿具有易受暗示性和感染性的特点，很容易被周围人影响。因此，家庭成员的艺术素养、家庭中的艺术氛围，对孩子的影响最直接、最持久，也最深刻。很多艺术家的家庭都有子承父业的现象，甚至一个家族出了多名艺术家，由此我们不难看出，从事艺术工作的父母对孩子的影响很大。如舒伯特从小就受父、兄的艺术启蒙，莫扎特也深受父亲音乐素养的影响和感染。

■ 针对性

父母和孩子朝夕相处，这使得父母有更多的时间和机会观察孩子的言行举止，能全面细致地了解孩子的特点，也能较早地发现孩子的艺术天赋。并且，孩子家庭艺术教育具有“多对一”的特点，即多个成人围绕一个孩子，所以父母容易聚焦，可以通过在家庭生活中不断观察孩子在艺术学习中的表现，来了解孩子的学习和发展情况，合理安排和调整孩子艺术学习的内容、形式和方法，努力帮助孩子获得更好的艺术发展。

■ 灵活性

灵活性主要体现在家庭艺术教育生活化方面。父母可以在家庭生活的任何时间、任何场合，从各个方面、各个层面和各个角度给孩子及时的艺术教育，为孩子营造或温馨静谧或生动活泼的艺术教育环境。如经常播放一些好听的音乐，让孩子沐浴在音乐的海洋里；如带孩子外出旅游参观，欣赏一些自然景观和人文景观，让孩子感受这个充满艺术元素的世界。

三、早期艺术教育对孩子发展的价值

■ 有利于孩子情感的健康发展

艺术是孩子表达情感的一种重要的手段。幼儿的语言和文字的表达能力较弱，于是艺术就成了他们传情达意的一种特殊的交流工具。如孩子喜欢涂涂画画，对美术有一种天然的需求，主要是因为这种美术活动为他们提供了一个情感沟通的机会。他们用绘画或手工这种外在符号自由地表达自己的观点，抒发内心的情感，从而获得一种精神上的满足，一种因自我肯定而产生的愉悦感。

促进孩子手、眼、脑协调发展

艺术创作是一个手、眼、脑并用的过程，需要孩子用脑去想象、理解、加工审美意象，用语言去表达自己的审美感受，用手去操作工具和材料以表现自己的所见所闻。以美术活动为例，执笔、画线、涂色、捏泥、折纸、剪贴等，这种手、眼、脑并用的心理操作和实际操作，促使手、眼、脑逐渐协调一致，同时，也使他们对多种艺术工具和材料的使用变得游刃有余，对线条、色彩、空间、构图等艺术形式的认识以及对形式美的领悟也渐趋深入。

可培养孩子健全的人格

艺术创作是孩子建立自信心的最佳途径之一，他们在创作中可以获得自由快乐的体验。一般来说，艺术创作与人的个性息息相关，因此，我们可以通过孩子的作品和创作过程来了解和发现孩子独特的个性，并通过艺术教育来促进孩子良好个性的形成。艺术创作能够使孩子获得满足感，而这种满足感是个人成就感的重要源泉，艺术创作在形成孩子自觉意识和良好道德品质方面起着重要作用。

有助于发展孩子的智力

孩子在艺术创作中发展起来的直觉能力、空间想象能力，对其日后抽象思维、逻辑思维的发展起到促进作用，二者互补有助于孩子的智力发展。在艺术创作过程中，他们通过感觉器官去感知事物的形状、色彩、声音等，观察力得到很好的锻炼和培养。一般来说，孩子的注意力维持的时间较短，兴趣容易转移，而创作活动无论是内容、过程还是结果都容易吸引孩子的注意，从而有效地锻炼和增强孩子的注意力。

艺术创作能够有效地催发孩子的想象力，激起他们种种美妙的联想。创作活动是比较自由的，不受客观条件的限制，能为孩子的想象提供一片自由驰骋的广阔天地，使孩子种种美妙的联想能够借助艺术媒介表达出来。

幼儿期也是孩子大脑快速发育的时期，此时，既需要新颖、鲜明的信息刺激以开发智力，又要防止用脑疲劳，艺术创作恰恰兼有二者之长，对孩子的大脑发育有着特别的意义。

四、艺术教育中应克服的错误心理

■ 从众心理

在家庭艺术教育中，从众心理体现为“别人的孩子学什么，我也学什么”“别人的孩子都学，那我家孩子也必须得学”等，不顾家庭的经济条件、艺术氛围、孩子的个性品质的不同。多数情况下，父母的从众行为不同程度地带有盲目性，其中既有口服心服的“真从众”，即别人所提出的意见或建议正合本人心意或原无固定意向而随大流的思想，也有口服心不服的“假从众”，即碍于情面或者为使自己与大家协调一致也只得如此，等等。家长需注意从众心理对孩子艺术教育的消极作用，在选择艺术教育门类时，还是要多考虑孩子的兴趣和爱好等多种因素。

■ 功利心理

现今，很多父母选择让孩子学艺术，是为了使孩子有一技之长，将来能更好地立足社会，有的直接就是希望孩子升学时有特长加分，抑或长大之后能进入演艺圈，成为名演员、名歌星等，总之带有明显的功利性。平心而论，任何知识的学习都会带有一些功利性因素，但这种功利性绝对不能太强，否则就很难达到学习本身的目的，不利于学习的正常进行。孩子的艺术教育也是如此，一旦艺术成为追求功利的工具，它就失去了原本的意义，也非常不利于孩子的发展。

■ 补偿心理

补偿心理是一种心理适应机制，从心理学上看，这种补偿其实就是一种“移位”，即有些父母因为工作在外或者比较忙，很少有时间陪伴孩子，于是便应孩子的要求，脱离自己和孩子的客观实际，给予孩子某种形式的艺术教育以对孩子进行补偿。有的家庭给孩子报声乐、器乐、美术等艺术培训班，但却不严格要求孩子，以致孩子遇到困难就逃避，什么都学，什么都半途而废。这样的做法也是不利于孩子健康成长的。

■ 心理投射

在家庭艺术教育中，心理投射直接体现为父母将自己所渴望而没有得到的艺术教育强加在孩子身上，按父母自身的兴趣爱好要求孩子去参加各种兴趣班等。这种做法剥夺了孩子决定自己发展方向的权利，使孩子缺乏规划人生的动力和追求兴趣的勇气。由于这种心理投射过程是自动产生的，常常不被父母意识到，有时即使意识到了也被认为理所应当，因此更值得为人父母者警醒。这种做法不仅违背了孩子家庭艺术教育的初衷，还会使孩子产生逆反心理，敌视艺术教育，甚至会给孩子造成人格上的障碍。

五、科学指导孩子的艺术活动

■ 家庭美术教育活动的指导

在美术活动中，孩子感知事物缺乏目的性和计划性，不能自觉地组织自己的视觉，因此，父母应注意指导孩子有目的地感知事物的外形特征，获得美的体验。并且，孩子的观察和欣赏是幼稚的、局部的，但同时又是直率和主动的，因此，父母一方面要提高孩子的观察、欣赏水平，另一方面又要适应孩子的水平和保护孩子的兴趣。

父母可以通过动作示范或范例演示启发孩子，帮助孩子掌握一些基本的造型特征。但是，必须注意，父母可以演示或提供范例，以让孩子掌握要领，但要尽量避免面面俱到，要避免提供让孩子照抄的示范，要避免过多使用或过分依赖范例，以免影响孩子创造力的发展。

指导孩子画比较复杂的物体时，父母可以借用孩子比较熟知的简单事物来做比喻，用语言形象地分析、讲解，启发孩子积极地进行形象思维和扩大形象之间的联想。如画猪时，可以将猪的身体比作大冬瓜。

家庭美术活动中的大量时间应该是孩子的游戏和练习时间。家庭美术活动的过程也是孩子将头脑中的艺术构思用美术的方式表现出来的实际操作过程。

■ 家庭音乐教育活动的指导

音乐是听觉的艺术，因此，父母要重视培养孩子倾听的习惯和能力。训练孩子倾听的内容可分为三种：第一是聆听各种声音，包括自然界的和人为的声音，如鸟声、敲打声等；第二是聆听音乐作品，主要培养孩子对音乐的感受力，并不是欣赏内容和演奏技巧；第三是辨别声音的高低、强弱、长短等。

身体运动是孩子从事音乐活动的重要表现形式，如快节奏，孩子可以做小兔跳的动作；慢节奏，可以做大象走的动作；旋律流畅时，孩子会自然张开双臂做蝴蝶状……对于正处在感觉运动期的孩子来说，他们就是在肢体运动的过程中去感知旋律的。所以，父母可以将

音乐教育寓于生动有趣的游戏活动中，如配合音乐节奏让孩子做各种肢体运动，在身体律动中引导孩子感受音乐，开展家庭音乐教育活动。

六、实施家庭艺术教育应注意的问题

■ 遵循孩子身心发展的规律

孩子的身心发展有其客观规律，不同年龄段的孩子选择的艺术教育的内容、方式和途径也各有差异，这就要求教育要遵循循序渐进的原则，不可拔苗助长。同时，在家庭艺术教育中，由于家庭环境不一样，孩子个体间也存在着差异，因此，要考虑孩子的兴趣、孩子对艺术的感受力等多方面的因素，根据孩子的特点来进行家庭艺术教育。

■ 要理解和尊重孩子

首先父母要意识到，孩子的世界和成人的世界不一样，孩子有着自己的独立性和自主性。孩子的很多艺术作品无法用成人的眼光去解读，孩子有孩子的表达方式，父母可以倾听孩子对自身创作的解读，站在孩子的角度去理解他的艺术表现，并给予充分的肯定，这样，家庭艺术教育的效果才会更好。

■ 创设良好的艺术活动条件

一方面，可在家庭中专门给孩子留一个角落，这是有效进行家庭艺术教育的首要条件。这个角落不需要太大，但须给孩子完全的自由，孩子只要进入其中便可以唱、可以跳、可以画、可以撕、可以粘、可以塑，只要孩子能想到的、能做到的，任其自由发挥。不过，父母要注意在日常生活中有意识地培养孩子整洁有序的习惯。另一方面，还要供给孩子足够操作的材料。这些材料不需要多么昂贵，只要孩子能写、能画、能粘、能撕、能敲、能打即可，因为孩子好奇好动的天性决定了他们对很多东西都会感兴趣。

■ 配合幼儿园进行正确引导

很多父母认为将孩子送到幼儿园就万事大吉了，其实对孩子的教育不仅仅是幼儿园的职责，同样也需要家庭的配合，艺术教育更是如此。孩子在幼儿园养成了对艺术很好的感觉，回到家中如果能得到父母的认同和带动，这对孩子将会是一种很大的鼓励。父母也必须意识到，对孩子艺术情操的培养更是一个长期的过程，孩子回到家中，父母也可以根据实际情况对孩子进行艺术感觉的引导。父母还可以利用节假日带孩子多观察，然后让孩子将观察到的东西按照自己的意愿画出来,不要对孩子做过多的规定。

■ 积极参与孩子的艺术活动

许多父母不知道怎样辅导孩子进行艺术练习，所以只是一遍又一遍地督促孩子自己练，这样的练习不但孩子觉得枯燥无味，父母自己也觉得没意思。这时不妨尝试和孩子一起练习，如孩子要跳舞了，和孩子商量："爸爸妈妈和你一起跳,好不好？"当然,你(你们)可能跳得不像孩子那样灵活,只要能听着音乐认真、投入、大胆地和孩子一起跳就可以了。如果你(你们)实在不会跳，也可以动头、动脚、动肩、动胳膊、动手，总之，只要能融入孩子的艺术活动，与孩子一起玩，孩子就会很开心，此时孩子不但会愉快地进行练习，父母一天的疲惫也会在快乐的亲子活动中消失。

⊙ 互动平台

亲子活动：锅碗瓢盆交响曲

准备：各式的锅、铲、塑料盒子；木制和塑料的勺子、调羹；漏锅、

打蛋器和砧板

玩法：

(1) 拿出所有准备好的道具——锅、铲子、各式盒子、勺子、打蛋器和砧板等，把它们一一摆好。

(2) 先让孩子试着敲打各式道具，制造出不同的声响（可让孩子用塑料调羹敲出些柔和的“叮叮”声，或用木制的勺子敲出“嗵嗵”声）；再鼓励孩子分辨出各种声音的特质，并用简单的词来形容这些声音。

他山之石

推荐一本书：《和孩子一起玩艺术：激发孩子潜能的创意美术游戏》

李芳妃著，漓江出版社 2012 年出版。

推荐理由：这是一本帮助父母学习如何陪伴幼儿在生活中体验艺术的书，由一堂堂生动有趣的美术游戏课组成。书中的课程都是作者在幼儿美术教学中长期实践积累而成的。课程的内容来源于生活，简单实用又容易上手。

结语

毕加索说：“每个孩子都是天生的艺术家，问题是怎么在长大之后仍然保持这种天赋。”可见，正确的儿童艺术教育在儿童艺术成长过程中起着非常重要的作用。对儿童进行艺术教育，就是以科学、积极的方式去促进儿童艺术潜能的发展，特别是促进其审美能力和艺术创造能力的发展。

附　录

教子疑难　有问有答

——常见问题解惑

■ 孩子挑食偏食怎么办?

（1）适当增加户外运动，增加食欲。

（2）营造快乐的进食氛围，不强迫进食，不威逼和哄骗；孩子不想吃，就先不让他吃，等他饿了再吃。

（3）规定进餐时间，每次30分钟。吃饭时不要过多关注孩子、担心孩子，不要不停地问孩子喜欢吃什么，或专门把好菜挑出来让孩子吃，这种做法会使孩子养成挑食、偏食的习惯。

（4）尝试把孩子不喜欢的食物混在喜欢的食物中，先放入少量，之后逐渐增加，直至孩子接受。

（5）尽量多变花样，注意营养和色香味形搭配，以增强食物的吸引力。

■ 孩子任性哭闹怎么办?

（1）不理睬，冷处理。孩子无理取闹时父母一定要控制自己的情绪，不要打骂孩子，尽量让自己平静下来后再跟孩子说理。父母可以暂时离开一下，等孩子情绪稳定后再告诉他：你刚才胡闹是不对的，这样做，我们不理你！

（2）转移注意力。用一些其他事情分散孩子的注意力，让孩子不再纠结于一件事上。

（3）不袒护、不溺爱孩子。教育孩子时家庭成员要统一思想，切不可有的教育、有的袒护。

（4）事后多沟通，培养孩子讲道理的习惯。孩子耍小脾气时试着多与孩子沟通，了解孩子心里在想什么，只有知道孩子想什么才能有好的对策。

（5）约法三章，摆明父母的态度。可以在孩子听话时与孩子约法三章，内容要看父母想让孩子怎么做，而且孩子也能够做到。

■ 孩子玩的天性退化有损健康吗?

玩是孩子的天性。孩子玩的天性退化，在一定程度上是有损孩子身心健康的。父母要认识到玩对孩子的重要性，用游戏点亮孩子的童年，让孩子在玩中学，在操作探索中学，多鼓励孩子自主游戏，善于发现孩子的兴趣爱好，多给孩子玩的时间和空间。

■ 刚入园的孩子出现抓同伴、抢玩具的现象，怎么办?

3 ~ 4 岁的孩子还处在物权意识的敏感期，霸占玩具、抢玩具是常见现象。父母可以采取以下策略：

（1）观察等待，适时温和介入。先观察孩子，看看孩子是怎样解决抢玩具事件的。孩子开始动手抓推时，适时介入。

（2）讲道理，强调规则。例如，玩滑滑梯时，要教育孩子排队，不争抢，注意安全。

（3）协商交谈，学会礼让。从孩子的出发点说问题：“这玩具真好玩，都想要怎么办呢？”“你们商量下谁先玩谁后玩。”“姐姐玩5分钟，妹妹再玩。”

（4）通过亲子阅读、讲故事、游戏化体验，教育孩子团结友爱不争抢。

■ 孩子喜欢一个人玩，怎么办?

孩子出现一个人玩的现象，可能是由于孩子刚刚进入幼儿园，到陌生的环境，对突然出现的那么多人不太习惯，平时在家都是自己在玩耍，不太懂得与他人沟通的技巧。还有可能是孩子在与其他小朋友交往中受过挫折，有的小朋友与小朋友玩耍时被欺负了，或者与其他小朋友在玩耍中产生挫折感，就不愿与其他小朋友玩耍了。这些情况可以尝试通过以下方法解决：

（1）家园多沟通。多让老师了解孩子的基本情况，包括语言发展、兴趣、习惯等，多鼓励孩子积极与同伴交往。

（2）记住同伴的名字，帮助孩子找到玩伴。父母平时多了解班级里小朋友的名字，每天在孩子面前多念念，帮孩子记住他们的名字，也可以每天放学多带孩子和其他孩子一起玩。

（3）教育孩子懂得谦让。孩子在交往中，身体互相碰撞是不可避免的，有些小女孩特别娇气，刚碰一下就哭哭啼啼，这样其他孩子就不爱和她玩了。父母要鼓励孩子坚强，懂得体谅，也可以与调皮孩子的父母谈谈，注意交往中的安全。

孩子一段时间一个人玩没有什么问题，但是永远一个人玩就有问题了。在儿童心理学上，孤独症是一种严重的儿童心理障碍，如果孩子真的患有孤独症，爸爸妈妈一定要抓紧时间治疗。大脑发育的最关键年龄段是 0 ~ 7 岁，2 ~ 7 岁是孤独症患儿训练最关键的时期。

■ 孩子独占玩具，不与同伴分享怎么办?

“自私”是孩子成长阶段中的正常现象。孩子 2 岁以后，开始意识到自己的东西是自己的，开始进入“物权敏感期”，孩子拥有了物权安全感，才可能更好地分享。4 岁以前的孩子不愿意分享和关爱别人是很正常的，但是一些孩子四五岁了，已经过了“物权敏感期”，还是什么都不愿意分享，出现自私的行为，这大多是家长不当的教育造成的，比如过度溺爱。

对这样的孩子，父母要避免给孩子贴上“小气”的标签，同时积极引导教育，不能强迫孩子去分享。决定是否分享是孩子的权力，要尊重孩子的本性，慢慢引导。家长可以满足孩子喜欢玩具的天性，让他玩够，给他时间占有，可以给孩子一个专门的玩具柜，让他存放自己的玩具。遇到小客人来，可以提前商量好是否分享，允许孩子收起来不分享；如果孩子愿意分享玩具，父母要及时夸奖，让孩子感受到分享是件快乐的事。三四岁这个年龄，孩子的模仿能力很强，这个时候父母潜移默化的行为，会慢慢让孩子学会分享。

■ 孩子在幼儿园与其他小朋友发生矛盾怎么办?

（1）耐心倾听孩子的心声，缓解孩子的心理压力，千万不要责备孩子。当孩子和别人发生矛盾时，他可能会因为害怕或者因为自己的无能为力而伤心难过，此时如果父母用“你真没用”“你就不知道厉害点儿”等语言来责备孩子，孩子会觉得自己很没用而变得更加胆小怕事。

（2）仔细分析原因，判断谁是谁非。“他为什么打你？你有没有抢他的玩具？”孩子说是的，就要教育孩子抢玩具不对；如果孩子没有错，就要安慰孩子，引导他解决问题。

（3）冷静处理问题，关注但不干涉。可以给孩子提出解决问题的方案，如让他道歉、告诉老师等；如果孩子无力解决，或者出现严重打人问题，父母可以和老师沟通，交给老师去解决；父母用行动告诉孩子，自己解决不了的问题可以向老师寻求帮助。

（4）可以设计游戏，和孩子一起玩。父母在游戏中训练孩子，让他练出敏捷的身手，为他灵活地规避“小霸王”做准备。另外，孩子平时与要好的小伙伴打打闹闹时，只要没有危险，父母不要过多干涉，孩子之间的打打闹闹是学习躲避危险的好方式。

■ 孩子自我保护意识较弱，怎么办?

（1）教孩子认识自己。认识自己的身体，知道要保护自己的五官及身体各部位，了解身体各器官的重要性，初步树立起自我保护的意识。

（2）认识各种安全标识。父母注意引导孩子认识生活中的安全标识，教育孩子遵守交通与安全规则，引导孩子认识幼儿园设置的警示标志。

（3）时时刻刻、随时随地对孩子进行安全教育。给孩子讲解发生火灾、煤气泄漏等危害人身安全的新闻，分析火灾发生的原因，讲解自然灾害对人类的危害，丰富孩子的安全经验；对孩子提出一些安全规章要求，通过讨论，让孩子了解如何避免事故发生，遇到意外事故如何逃离现场。

（4）有意识地训练孩子的自救技能。创设一些问题情境，引导孩子想出各种自救方法，通过情境表演，帮助孩子熟记家庭地址、父母的姓名及工作单位、电话号码；熟记119、110、120等电话并学会拨打；懂得不能吃陌生人给的东西，不能随便将家里的事告诉陌生人，不能随便跟陌生人走，让孩子掌握有关防走失、防拐骗的技能。

■ 如何培养孩子良好的午睡习惯？

睡眠是孩子一日活动的重要环节，适当午睡对孩子的健康十分重要。

（1）合理安排好孩子的睡眠时间。让孩子尽量早睡早起，如果孩子早上起得太晚，则不利于中午睡觉。

（2）按时午睡。合理安排孩子一日的生活，按时安排孩子午睡。午睡前，帮助孩子保持安定的情绪，午睡前10分钟提醒孩子大小便。

（3）坚持午睡。让孩子到点躺在床上午休，养成习惯。

（4）营造良好的午睡环境，如拉上窗帘，保持环境安静。

（5）培养孩子仰睡或者向右侧睡的正确睡姿。父母可以通过哄拍、抚摸等方式帮助孩子入睡，待深度睡眠后悄悄纠正孩子的睡姿。

■ 如何培养孩子良好的饮水习惯？

（1）通过绘本故事，如《小树长高了》，让孩子了解喝水的重要性，多喝白开水。

（2）创设良好的喝水环境。给孩子准备安全、合适的水杯，能自己接水喝的容器，方便孩子自己喝水，培养孩子随渴随喝的习惯。

（3）保证孩子的喝水量。要提醒孩子多喝水。

（4）告诉孩子喝水时要一口一口喝，不要太急，喝水时不要说话。

■ 如何培养孩子良好的如厕习惯?

（1）调动孩子如厕的主动性。利用游戏让孩子明白要主动上厕所，不要憋尿。

（2）利用故事、儿歌教会孩子正确的如厕方法。

（3）懂得如厕的常规。上厕所要排队，不推也不挤，学会关心他人，同伴憋不住时懂得礼让。

（4）鼓励孩子养成良好的如厕习惯。按时、及时大小便，便后穿好裤子、洗手，不追逐打闹。

■ 如何培养孩子的安全意识?

（1）在日常生活中给孩子讲一些常见的安全知识。通过谈话、贴标记、讲故事、看图片、判断对错及看课件等，帮助孩子了解日常生活中的危险，如过马路看红绿灯，远离插座，不碰煤气开关，不爬阳台，不摸电线等，让他们懂得应该怎么做、不能怎么做，在实践中进一步加强指导。

（2）教孩子保护好身体，背心、裤衩覆盖的地方不许别人摸，小秘密要告诉爸爸妈妈。

（3）通过新闻事件、案例等，教育孩子吸取教训，注意防范。

（4）培养孩子的自控能力。大多数孩子调皮好动，好奇心强，父母要强调有些东西不能触摸。

■ 如何培养孩子的规则意识?

（1）在日常生活中定好规则并以身作则。父母要给孩子做好榜样，再给孩子制定生活、学习、与人交往等方面的基本规则。

（2）规则要清楚、明确，易于理解。让孩子明确具体的规则，不要一次制定太多，更不要制定孩子做不到的规则。

（3）强化孩子的规则意识，及时鼓励、表扬孩子遵守规则的行为。

（4）遵守规则要持之以恒。利用生活中的场景，随时随地对孩子进行规则教育。

（5）进行适当惩罚。让孩子接受一些不遵守规则的惩罚，同时给孩子讲道理，体现严中有爱。

■ 孩子的数字思维如何启发?

（1）在生活中启发孩子的数字思维。找生活环境中的数字，如门牌号、楼号、汽车牌号、信箱号等。与孩子一块讨论数字的用途，让孩子数生活中一切可以数的东西。

（2）在操作中启发孩子的数字思维。让孩子识别不同的形状、立体图形，帮助孩子理解几何的概念。学几何的最佳途径是手工制作，孩子能拿住的积木、盒子等都是很好的道具。让孩子动手量桌子、书本的长度，在操作中了解测量。

（3）在游戏中培养孩子的数字思维。如在地上画房子，每个格子写上数字，父母和孩子一起玩“跳房子”的游戏。在家里准备很多盒子，父母和孩子玩分类游戏，按用途、颜色、大小分类。

■ 孩子的专注力如何养成?

（1）给孩子一个安静的学习环境。孩子的注意力与周围的环境有很大的关系，父母应该给孩子一个安静的、无干扰的学习环境。

（2）要求孩子在规定的时间内完成作业。父母应该要求孩子在规定的时间内集中注意力，认真完成作业，然后让孩子适度放松。

（3）给孩子玩的时间。父母总是希望孩子能够坐在书桌旁认真学习，花在学习上的时间越多越好。事实上，玩是孩子的天性，孩子的天性没有得到释放时，是不可能专注地做其他事情的。

（4）当孩子专注做一件事时，父母不要打扰孩子，生活中要减少对孩子的唠叨和催促，促使孩子养成有规律的生活习惯，在固定的时间做某件事情，控制并减少孩子看电视、玩电脑的时间。

（5）用兴趣游戏引导孩子，培养孩子良好的专注力。多读益智图书，亲子阅读也可以培养孩子的专注力。

■ 如何帮孩子适应幼儿园生活？

（1）培养孩子的自理、自立能力，帮助孩子养成良好的作息习惯。

（2）送孩子入园后要充分相信老师，父母首先要保持情绪的稳定和愉悦，给孩子树立榜样。

（3）积极参加幼儿园新生家长会，积极配合幼儿园及班级的要求，积极与老师交流，让老师尽早了解孩子的习性特征，便于老师有针对性地帮助孩子顺利度过入园适应期。

（4）家人态度应保持一致，坚持送孩子入园。宽容对待孩子暂时的哭闹，柔和而坚定地送孩子入园。

■ 求全责备孩子的教育方式好吗？

（1）求全责备会让孩子缺乏自信。不知道自己的进步，孩子就会觉得自己能力太差，久而久之，就会对自己没有了自信。

（2）求全责备会影响亲子感情，孩子遇事就不愿意和父母交流了。父母对孩子要严中有爱，责备过多，孩子会越来越内向，不愿意表达和交流。

（3）对孩子的评价，要多纵向比较，拿孩子的今天和昨天比较，看到孩子的进步发展；少横向比较，不要老是跟孩子说谁谁很棒。

■ 隔代教育如何谨防误区？

隔代教育可能导致以下误区：不停喂孩子吃东西；总是打扰孩子，影响孩子的专注力；总是跟孩子说“不能这样”“不能那样”；吃饭时不让孩子好好咀嚼，为了让孩子尽快吃完饭，有时会把食物泡软，或一口水一口饭喂；给孩子穿得太多；包办多，怕孩子捣乱，很少鼓励孩子做力所能及的事情。

父母能自己带孩子尽量自己带，实在不行，多和老人交流，避免以上误区。

■ 如何帮助孩子做好入学准备?

（1）心理准备。父母多和孩子交流小学的生活，让孩子向往上小学；可以带孩子参观附近的小学，了解小学的环境设施、作息制度等。

（2）物质准备。要准备适合好用的书包、水壶、文具盒、铅笔、卷笔刀、橡皮等。

（3）习惯准备。生活习惯培养：养成良好的作息习惯，早睡早起，中午适度午休……生活自理能力：按时起床、睡觉，会收拾自己的衣物，讲究个人与环境卫生……学习习惯培养：上课认真听讲，积极举手回答问题，养成自觉完成作业的意识与习惯，养成良好的阅读习惯……

幼小衔接对孩子非常重要，父母要抱一颗平常心，切不可心急。